珍藏本
纪念版

汉译世界学术名著丛书

通货原理研究

〔英〕托马斯·图克 著

张胜纪 译

朱泱 校

2017年·北京

Thomas Tooke

AN INQUIRY INTO THE CURRENCY PRINCIPLE;
THE CONNECTION OF THE CURRENCY WITH PRICES,
AND THE EXPEDIENCY OF A SEPARATION
OF ISSUE FROM BANKING

The London School
of
Economics and Political Science
(University of London)
本书根据伦敦大学经济学和政治学学院 1959 年版译出

汉译世界学术名著丛书
（120年纪念版·珍藏本）
出 版 说 明

2017年2月11日，商务印书馆迎来120岁的生日。120年前，商务印书馆前贤怀揣文化救国的理想，抱持“昌明教育，开启民智”的使命，立足本土，放眼寰宇，以出版为津梁，沟通中西，为中国、为世界提供最富智慧的思想文化成果。无论世事白云苍狗，潮流左右激荡，甚至战火硝烟弥漫，始终践行学术报国之志，无改初心。

逐译世界各国学术名著，即其一端。早在20世纪初年便出版《原富》《天演论》等影响至今的代表性著作，1950年代后更致力于外国哲学和社会科学经典的译介，及至1980年代，辑为“汉译世界学术名著丛书”，汇涓为流，蔚为大观。丛书自1981年开始出版，历时三十余年，迄今已推出七百种，是我国现代出版史上规模最大、最为重要的学术翻译工程。

丛书所选之书，立场观点不囿于一派，学科领域不限于一门，皆为文明开启以来，各时代、各国家、各民族的思想与文化精粹，代表着人类已经到达过的精神境界。丛书系统译介世界学术经典，引领时代思想，为本土原创学术的发展提供丰富的文化滋养，为推动中国现代学术和现代化进程做出了突出的贡献。

为纪念商务印书馆成立 120 周年，我们整体推出“汉译世界学术名著丛书”120 年纪念版的珍藏本，寄望既利于文化积累，又便于研读查考，同时向长期支持丛书出版的译者、编者和读者致以敬意。

两甲子后的今天，商务印书馆又站在了一个新的历史时间节点上。我们不仅要铭记先辈的身影和足迹，更须让我们的步伐充满新的时代精神。这是商务人代代相传的事业，更是与国家和民族的命运始终紧密相连的事业。我们责无旁贷，必须做好我们这代人的传承与创造，让我们的努力和成果不仅凝聚成民族文化的记忆，还能成为后来人可以接续的事业。唯此，才能不负前贤，无愧来者。

商务印书馆编辑部

2017 年 10 月

译者前言

张　胜　纪

托马斯·图克(1774—1858年)是英国资产阶级经济学家，自由贸易运动的杰出代表，李嘉图货币理论的批判者，英国银行学派的创始人和主要代表人物之一。

图克1774年2月29日生于俄国的喀琅施塔得，他早年投身于英国实业界，在伦敦经营一家大公司，从事对俄贸易。1820年，他代表伦敦工厂主起草了赞成自由贸易的商人请愿书，向国会请愿。1821年，他与马尔萨斯、约翰·穆勒、李嘉图等共同发起成立了经济学协会。同年，他还被选为英国学士院院士。

1844年，当时的英国首相皮尔向议会提交了改进银行管理的《银行特许状法》，该法案试图将“银行业应当同对通货的管制分开的理论”付诸实行，它实际上强制执行的是可以称为银行券的“100%的准备金计划”。围绕着这一法案，被称为“银行学派”和“通货学派”的两个对立集团展开了激烈的论争。其实，这两个集团都不是我们想象中的很纯的学派，每个集团内部都有很大的意见分歧。“银行学派”的主要代表人物除图克外，还有富拉顿和吉尔巴特；“通货学派”的主要代表人物包括皮尔、托伦斯和奥弗斯东。大多数著名的经济学家，包括约翰·穆勒，都站在银行学派一边；但在实际工作者当中，特别是在英格兰银行的董事当中，皮尔法案却赢得了许多拥护者。图克的《通货原理研究》就是对皮尔法案的评论。以图克为代表的银行学派的主要观点是:(1)就英国的状况而言,按照银行业的做法,特别是在英格兰银行的正确领导下,银行券具有可兑换性,就足以确保资本主义制度所能做到的货币稳定;(2)即使情况不是那样,也没有理由来单独管制银行券,因为存款会引起同样的问题。通货学派则认为:(1)如果对银行券的发行没有特别的限制,它的可兑换性就不能得到保证;(2)英格兰银行的银行券实际上或者应当看成只不过是黄金收据——不是像存款或商业票据那样的信用工具,而是最后(准备)货币,就像它们所代表的金市或金块那样。总之,图克竭力主张以信用保证来增发银行券,以满足流通的需要,反对通货学派对银行纸币的发行给予严格限制的主张。但由于当时纸币流通处于紊乱状态,更由于当时当政的是通货学派的著名代表皮尔,图克等人的主张终于没能被采用。同年,英国颁布了反映通货学派理论的英格兰银行法。

然而,现在来回顾这场论争,我们就可以看到,两派之间根本一致的程度非常之大。例如,两派都没有激进的货币改革家,都反对任何全面的银行业与信用管制。银行学派反对皮尔法案是很自然的,但却没有提出任何其他的控制方法。而通货学派想调节银行券发行,恰恰是因为它想使通货"自动化",让银行业务,甚至中央银行业完全自由。就是说,两派都主张自由放任,也都坚决支持金本位制,特别是赞成通过黄金的自由流动去调节国外汇兑。此外,两派一致认为银行券的可兑换性是极端重要的,相比之下,两派在要不要对这种可兑换性给予特别保证问题上的不同意见则成为次要的了。

图克一生致力于通货问题的研究，其主要著作除这本《通货原理研究》外，还有与纽马奇合著的《物价史》，即《1792 至 1856 年物价和流通状况史》，或许我们把它译为《1792 至 1856 年英国经济过程的分析，特别是关于通货与信用的状况》更合适些。在这部著作中，图克否定了李嘉图等主张的货币数量论，图克认为，决定物价剧烈波动的因素，既不是决定商品的因素的变化，也不是货币数量的变化，而是：(1)主要是气候、战争及英格兰银行限制现金支付的政策，特别是 1844 年的银行法；(2)次要原因是谷物条例、关税、铁路建筑、自由贸易等。图克虽然较正确地批驳了货币数量论，但对物价波动原因所作的探讨，更多的还是局限于对事实的描述和解释，没有从本质上回答问题。

但是，不管怎样，图克毕竟是一位造诣很深的英国经济学家，他在 1822 年的议会银行委员会及 1840 年的发钞银行委员会、1847—1848 年的商业危机委员会上所作的证词中，分析了历史提供的资料，说明了物价涨落造成货币流通量增减的重要规律，这一点被马克思誉为李嘉图以后的英国经济学家的唯一功绩。他的《通货原理研究》以及《物价史》这两部经典性的著作，也在经济学说史上占有不容忽视的重要地位。

本书原名为：《通货原理研究；通货和价格的关系，以及货币发行与银行业务分离的利弊》，译成中文时简称为：《通货原理研究》。

目　　录

第二版说明

本书第二版内容极少改正和变更。我对政府提出的并引起议会讨论的有关银行业的措施发表了一些看法，读者将会在增补的那章中看到。

1844 年 5 月 15 日于伦敦

第一版序言

本书的一些章节是在下院发钞银行委员会的报告发表后即刻写就的，之后，大部分章节是在没有任何出版意图的情况下收集在一起的。现在，使我做出出版它们的决定的理由是，政府已宣布打算向本届议会提出一些措施，试图借助于这些措施把英国银行系统置于经过改进的稳固基础之上，我认为，在考虑这些措施时，本书中所提出的观点，无论政府赞同与否，都不应该被完全忽视。

我试图确立的一些观点，可能会被认为是在没有得到充分解释的情况下提出来的。毫无疑问，对于某些论题，要想不让人提出诘难，需要做更为详尽的证明。但这样一种证明过程超出了本书的范围，因为要这样做就需要用一本书来代替这本小册子。

我时刻感到必须压缩篇幅，这使我未能触及一些论题，这些论题从某种观点来看是很重要的，是与本书所要讨论的主题有关的，但又不能以一种漫不经心的态度讨论它们。

同在大多数的论争中所碰到的情况一样，在阐述所要讨论的主题时所面临的最大困难，在于在不同的意义上使用相同的词语，即，随意改变词语的含义，在同一论证中不加区别地使用一些词语，用它们来表示完全不同的事物和过程。而且，本书所遇到这种困难比其他大多数的书更大：暂且不说那些悬而未决的问题，如存款、银行支票、汇票是否应被看作是货币或通货，因为这牵涉到的是依据使用它们的目的如何下定义和分类的问题，而不是我提及的使用上的含混不清。

在本书的讨论过程中，人们将会看到，所考察的对象存在如此之多的不确切、混乱和错误之处，这些不确切和混乱产生于讨论时经常使用的意义模糊和不确切的语言：例如，不加区别地把“金银”、“贵金属”、“金块”作为“货币”和“通货”的同义词使用；用“货币和通货”这样的词来表达“资本”的概念。“纸币的发行”即银行券的发行，表示在没有银行券流通的地方资本的纯粹预付——用“货币和通货的价值”表示利率和贴现率。用“货币的充裕和廉价，或者货币的稀缺和昂贵”表示利率的低或高，或利率的任一趋势。随意使用“通货或者流通的扩张或收缩”这一词语，而本来若要对实际情况作正确描述的话，应该使用的词语是信贷的过度扩张及随后的抽回。

有大量的例子可以证明，推理上的混乱和前后矛盾大都是使用了模糊而含义不清的语言造成的。假如我使人们注意到了以上所指出的错误根源，从而使人们在使用词语时更为小心和精确，由此而使将来的讨论能在更为清晰的基础上进行，因而缩小意见分歧的范围，我会认为，我在此书中所付出的劳动没有付诸东流，即便我不能使人们赞同我所努力证明的结论或一部分结论。

1844 年 3 月于伦敦

导　论

直到近几年，大多数讨论通货问题的权威作者仍认为，只要硬币是完好的，纸币能随时兑换成硬币，就充分达到了硬币和纸币混合流通的目的；通过管制所要预防的，仅仅是暂停支付和银行破产带来的弊害，因为当前大多数银行都把本票的发行同其他业务混在一起。这实际上就是通常所谓的银行原理，我国的通货体系就是建立在这一原理的基础之上并根据这一原理进行管理的。

但近来一套新的通货原则已由一些很有权威的人士传播开来。根据这些权威的意见，银行券能随时兑换成硬币，这是不够的，所有银行，不论其是否发行纸币，都应具有偿付能力；他们认为，纯粹的金属货币流通才是完善的通货形式（尽管也承认纸币具有便利和节约等优点）。并认为，唯一健全的混合通货原理是这样的，即，根据这一原理，流通中的银行券不仅在价值上而且在数量上，都应与所能兑换的黄金保持一致；也就是说，银行券被认为是一种替代物，这种代替一定数量硬币的替代物，其数量的变化应与通货完全是金属货币的情况下硬币数量的变化完全一样；因而检验管理好坏的标准，不是像纯粹的银行原理所认为的那样，看银行储备有多少金银，持有多少可立即兑换的证券，而是看金块数量的变化同流通中的银行券的数量变化在多大程度上相一致。按照这种理论管理银行券的发行，现在被称作采用了所谓通货原理。

为把这一原理应用到实际中去，有人提议建立一个国家银行，由银行督察领导，该银行的职责和作用仅限于以纸币兑换黄金，和在纸币数量超过以担保品作抵押发行的固定纸币数量时以黄金兑换纸币；或者，只允许英格兰银行发行纸币，把其发行职能同单纯的营业部严格分离开来。

极力赞成这种分离的论点，似乎已在公众心目中留下了很深的印象，建立在这一原理之上的各种方案也已受到政府的密切注意，因为不仅要避免中止支付和无力支付的危险，而且要赋予信用和贸易更多信任和稳定，并确保物价更为稳定，从而防止或减轻狂热的兴奋和极度的沮丧轮流交替，这种情况在现行体制下是普遍存在的，并被归咎于对通货原理的忽视。

在现行的发行和银行业务相结合的基础上，在稳健的管理下，能否维持纸币的自由兑换，这一问题在后面加以考察。但是，尽管可以暂时不讨论是否能防止中止支付和无力支付的问题，但却应该考察下述看法所依据的理由，这种看法认为，与通货原理体制相比较，现行体制除了使发钞银行有可能中止自由兑换和破产外，还会带来其他弊害，并认为检验地方发钞银行管理好坏的标准，不是同其负债额相比的黄金储备和可动用证券的数量，而是这些银行发行额的变化与英格兰银行发行额的变化是否一致，同时检验英格兰银行管理好坏的标准，是该银行发行额的变化同贵金属流出流入的变化是否一致。

第一章　通货原理的表述

通货原理理论的倡导者中有许多著名的人物。不过，有关这一原理的最为充分而详尽的阐述，可以在诺曼先生、劳埃德先生和托伦斯上尉的著作中，以及在前两位先生于1840年向下院发钞银行委员会提供的证词中见到。因此，我主要借助于他们对这一学说的解释及他们赞成这一学说的理由，作为考察这一理论及其应用的最好基础。

下面一段摘自诺曼先生证词中的话，是他对这一原理及应用进行的扼要表述。他认为通货原理是管理纸通货即银行券的唯一健全的规则，并把银行券限定为公众手中持有的票据。他的原话是：

> “我认为金属通货是最理想的通货，尽管在某些方面是不方便的，成本是高昂的。在其余一切方面，金属通货都是最为理想的，应被看作其他一切通货的样本；若从更为方便和成本更为低廉的角度考虑，用银行券代替一部分金属通货，则我认为，对银行券应善加管理，使其具有金属通货的其他一切属性，在那些属性中，我认为最重要的是，银行券应该像金属通货那样增减。我认为除了方便和成本低廉这两点外，对金属

通货加以改进是不可能的。”[①]

诺曼先生后来解释道：方便的含义是更易于转让，低廉的含义是节约，也就是使用不那么昂贵的材料；纸币仅仅是对金属通货作了如此改进而已。

根据诺曼先生的看法，若我国当前的纸币发行违背上述规则，主要会产生以下弊端：[②]

1. 纸币的数量常常在不适宜的时期以不必要的程度变动，要么过剩，要么不足。

2. 从商业上和政治上说，很大一部分纸币（如果不是全部的话），非常容易丧失信用。

3. 许多发行人很容易陷于暂时的或永久的无力偿付债务的境地。

劳埃德先生在证词中就现行体制的不便，发表了下述看法：

问题 2748：“现行体制除了有可能中止自由兑换外，是否还带来了其他弊害？”回答：确确实实带来了其他弊害。纸币发行状况会对信用、信心、物价以及银行业的状况产生很直接的影响；如果我们允许发行状况成为一种不自然的状况，那将会对信用、信心、物价以及银行业产生不自然的和有害的影响。如果通货常由于纸币数量过多而贬值，或者通货数量常发生剧烈的波动，那么，这确实将会随之对信心、信用、物价和银行业等等产生相应的影响。这些事物也受其他因素的影

① G. W. 诺曼向发钞银行委员会提供的证词，问题 1749。

② 根据 G. W. 诺曼先生 1838 年发表的“论通货和银行业务问题”一文。

响。但我认为，我们无法分解这种影响，无法说出每一因素对产生这种影响究竟起了多大作用。能够有把握地说出来的仅仅是，如果能够依据健全的原理对纸币的发行进行管理，则可以肯定，就会消除那些由于缺少适当管理而造成的有害影响。”

关于不自然的发行状况和缺少适当的管理，我们必须在劳埃德先生使用这些词的意义上理解它们的含义，即指的是银行券的数量同金块的数量不一致。

第二章　金属货币流通的方式

为论证方便起见，可以承认金属货币是一种完美的通货形式，但那些十分自信地作此断言的人们，却似乎对金属货币的运行方式抱有极为错误的看法。

根据我即将陈述的理由，很明显，完全的金属货币流通，并不会带来他们所设想的好处，反之，也不会带来他们所担心的坏处，如果它按照他们似乎设想的那样去运行的话。

根据通货原理，在金属货币流通的情况下，贵金属的每一次输出，都会使通货的数量和价值缩减，引起物价的下跌，直到这种缩减和其后的物价下跌导致商品进口减少，出口增加，从而使贵金属回流，并使物价恢复到适当的水平为止。反之，贵金属的输入，会使物价上涨，直到达到某一水平，发生相反的过程为止。这种伴随着贵金属的每一次输入和输出的物价上升和下跌的波动过程，同影响商品生产成本的因素和正常的消费水平毫不相干，是令人困惑不解的，对商业界、产业界和农业界毫无影响。

不过，提倡这种学说的人认为，虽然这种波动会愈来愈频繁，但波动的程度却会不断缩小，每一次波动会被愈来愈快地制止。然而，我坚信，如果贵金属的每一次输出和输入会产生这种理论所认为的那种影响，则这种影响将是无法忍受的，将不得不发明和运用一些被诺曼先生称之为临时的节约办法作为补救。

但是,金属货币并不像这种理论在下面一段话中所设想的那样流通:

> "熟知货币学的人普遍承认,应对纸币进行很好的管理,从而确保交换媒介在有一部分是纸币的情况下,其数量和价值的状况与交换媒介的流通部分完全是金属货币时没有什么两样。不言而喻,如果流通的完全是金属货币,则导致输出一定数量贵金属的汇兑逆差会使流通货币缩减相同的数量;同样,导致输入一定数量贵金属的汇兑顺差会使流通货币增加相同的数量。如果伦敦的通货是由黄金构成的,则导致输出黄金1 000 000镑的汇兑逆差,会使流通中的货币减少1 000 000镑的金币。——托伦斯:《致墨尔本勋爵的信》,第29、30页。
>
> "贵金属的输入和输出额,可以相当可靠地衡量出通货的增减。"——S. J. 劳埃德:《对通货的进一步思考》,第34页。

诺曼先生先解释了A、B两国之间的汇兑会以何种方式变得不利于A国,导致硬币或金块输出,然后接着说:

> "假设欠B国的债务不必立即清偿,则硬币和金块的输出,将在A国造成普遍的物价下跌,而在B国将引起物价上涨,直到A国输出货物比输出货币更为有利时为止。"——《致下院议员C. 伍德先生的信》,第17页。

在以上段落中,以及在未引用的更多段落中,都假定贵金属、黄金、白银和金块是通货和货币的同义词。因此,在假设只流通金属货币的情况下，贵金属的每一次输出，不仅被认为是缩减了这个国家的通货，而且被认为是使贵金属输入国增加了同样多的通货。根据这一理论，在贵金属输出国和贵金属输入国，贵金属数量的相对变化，便是货币数量的相应缩减或增加；物价即商品的总价格，被认为依赖于货币的数量，物价的相应上涨和下跌被看成是结果。这种看法忽视了一些很重要的因素。

可是，在讨论这些因素之前，我们必须预先假定，在整个讨论过程中，黄金的价值在商业界中是一个常数，即，生产费用和总需求是不变的；并假设外国的关税也维持不变，以便只考虑金块的输入或输出对各国通货的影响，不考虑任何其他干扰因素，除了贸易过程和国际银行业务中出现的干扰因素外。

在像英国或法国这样的国家中，除了用作货币或金银器皿的金银或造币厂和金银匠手中掌握的金银外，一般还储藏有而且肯定储藏有或多或少的金银。这种剩余的或流动的存货，可以被看作是在寻找市场，不管是为了国内的用途，还是用于输出；不论其数量是大是小，如果被输出，是否可以说相应减少了国家的通货？这难道不是与输出相同价值锡、锌、铅或铁一样吗？

此外，关于英国现有的硬币，可以说，当铸造货币不缴纳铸币税时，常有很大一部分硬币不在公众手中作为货币流通，也不储存在各家银行（英格兰银行除外）中，而是像没有铸造成货币的贵金属那样，正在寻找国内或国外市场。它可能储存在英格兰银行的金库中；虽说是硬币，可却像金块那样存放，可同样方便地用于各种用途，而且，与未铸造成货币的黄金即金条或金锭相比，这种形式的黄金，除作为通货外，对某些用途来说或许更为便利。

黄金正在寻找市场,但不能立即找到市场的想法,似乎很奇怪,那些坚信通货原理的人可能认为这种说法是自相矛盾和荒谬的。

黄金是一种普遍需求的物品,或者换句话说,有广泛的销路,以致认为它被人们持在手中,找不到合适的市场,似乎是不可思议的,或是一种近乎自相矛盾的说法。

我乐于承认,黄金是一种普遍需求的商品,致使它总是能找到市场,总是能用它购买所有其他商品,而用其他商品却并不总能购买黄金。发生紧急情况时,世界市场接纳黄金的条件总是要优于其他物品的条件,这些物品很可能在数量和品种上不合进口国的一般要求。我想,到此为止没有什么意见分歧。

但是,如果我们像应该做的那样,为了理论和实践的目的,把作为商品即资本的黄金,同公众手中持有的作为流通硬币的黄金区别开来,那就会发现,存在着不小的意见分歧。

西尼尔先生在他的一篇有关货币价值的演讲中说,“贵金属作为货币的价值,最终取决于其作为珠宝、金银器皿的材料的价值,因为如果它们不被用作商品,它们就不会作为货币而流通。”去年7月,他在《爱丁堡评论》上发表的一篇题为《自由贸易与报复》的文章中,发表了意思相近的看法:“黄金具有效用的首要原因,当然是它能当作器皿的材料。第二位的原因,才是它能充当货币。”这些见解无疑是正确的。

在新出版的《商业词典》(该词典包含有丰富而重要的资料)的增补版中,麦卡洛克先生在对照比较了各位权威人士的意见后,对贵金属的非货币用途消费量作了如下的估计:

“根据这种看法,目前每年用于制造手工艺品的金银消费量是——英国，2 500 000 镑；法国，1 000 000 镑；瑞士，450 000镑；欧洲其余各国，1 600 000 镑；总计5 550 000镑。再加上北美诸国的消费量 500 000 镑，总消费量为6 050 000镑。

“但每年用于制造工艺品的金、银，有一部分是来自熔化旧金银器皿、花边和画框等等。

“我们假定，平均说来，每年用于制造工艺品的贵金属有20%或 1/5，得自熔化旧的金银器皿，那么，从欧洲和美洲用于制造工艺品的 6 050 000 镑中扣除这一部分，我们每年用 4 840 000镑新开采出的金银制造工艺品，每年留下大约 4 400 000镑用于铸造硬币和出口到印度。”等等。

麦卡洛克先生估计，目前美洲、欧洲和俄属亚洲的矿山年产贵金属 9 250 000 镑[①]。

因为英国在非货币用途方面不仅是贵金属的消费大国，而且还是贵金属的集散地，把很大一部分贵金属运往其他国家消费，所以完全不受通货供应影响的金银块贸易，其规模必定很大。在运往这个集散地的过程中，只能把贵金属看作是正在运输中的商品，

① 也许有人认为，金银的年总产量问题与我们眼下讨论的问题没有直接关系，但这却是普遍感兴趣的问题，特别是当涉及俄国的西伯利亚和乌拉尔地区黄金产量的巨大增长时，因而我不由自主地谈起了麦卡洛克先生特别指明的一些产地的产量。在根据最新数据指出了南美和墨西哥的矿山产量后，他接着谈到了俄国矿山的产量——

“1842 年从西伯利亚的沙金矿获得了 631 普特（pood，苏联衡量单位，等于 16.38 公斤。——译者）的黄金，除此之外，同一年，得自科雷万矿山的白银还带来了 30 普特的黄金，同时乌拉尔山脉的沙金矿和金矿还生产了至少 310 普特的黄金，使总产量达到 971 普特；相当于 35 030 常衡磅或者 42 571 金衡磅。按每磅价值 46 镑 14 先令 6 便士计算，相当于 1 989 128 镑 11 先令。”——（1842 年《国内报纸增刊》第 16 页）

正在为国内外的消费寻找市场。

为此所必需的贵金属，必然经常会有或多或少的剩余以满足临时的特别需求，除此之外，一定还需要巨额的贵金属作为调节国际收支平衡最为便利的手段，因为同其他商品相比，贵金属是一种更为普遍需求的商品，其市场价值更少波动。在缺少公认的计算根据的情况下，我不会冒昧地估算这种用途所需的数量；但考虑到国际交易的巨大规模，季节的变化，以及其它影响食物、原料和制造品进出口的因素，还有国家和私人可交换证券的市场价值的变化，完全可以说，为这一目的所需经常使用的金银块的数量必然是

然而，必须记住：俄国政府根据情况，向金矿和沙金矿的产量征收 20%至 25%的税；因而毫无疑问，皇家代理人为逃避重税和盗用公款，必然走私大量黄金。在这种情形下，如果我们估计未入账的黄金为以上数额的 1/4，是不会错到哪里去的；但我们只说它为以上数额的 1/5，则对于 1842 年俄国金矿和沙金矿的产量来说，走私总额至少为 2 386 000 镑。

或许可以认为，把俄国 1842 年的沙金矿和金矿的产量作为衡量其未来产量的正当标准，是错误的，因为那一年沙金矿的产量几乎是以前任何一年产量的两倍。应该指出，在 1842 年以前的 13 年中，俄国的黄金产量一直在以飞快的速度增长；根据上述官方报纸（上面的细节便摘自该报）的说法，除非劳动力严重不足，否则，1843 年的产量很可能将大大超过上一年的产量。*〔*在本文将要付印时，我们了解到，俄国 1843 年金矿和沙金矿的产量已达到 1 342 普特！加上所没有计算在内的 1/5 的数额，达到 3 298 962镑 11 先令 1 便士；这一增长是极为惊人的，将产生非常巨大的影响。〕

“除了巨额数量的黄金之外，俄国还生产一定数量的白银，其数量或许平均每年为大约 1 300 普特，按每益司价值 5 先令 2 便士计算，共值 193 440 镑。”

“关于萨克森、匈牙利和欧洲其他金矿最近的产量，我们尚未看到可以信赖的报道。然而，我们倾向于认为，它们的产量可以有把握地估计为每年大约 750 000 镑。”

“因此，假设我们的这些估计基本上是正确的，则美洲、欧洲和俄属亚洲金矿的总产量将是：南美洲和墨西哥，5 600 000 镑；美国，100 000 镑；欧洲，750 000 镑；俄属亚洲，2 600 000 镑；总计 9 050 000 镑。所以，假如这些估计不过于偏离目标的话，则可以得出与普遍接受的看法相反的结论，即：目前贵金属的供应只略低于美洲金矿生产能力最强时所达到数额。”

巨大的;它们主要储藏在英格兰银行、法兰西银行以及汉堡和阿姆斯特丹的国家银行里。此外,在一些国家银行里,这些储备又由于流通中多余的硬币而有所增加。

因此,如果我们考虑到为英国国内外金银器皿的消费而必需进口的储备,考虑到为调整国际收支平衡所需要的可动用的基金的数量,则作以下假设就不会被认为是过分的,即在只流通金属货币的情况下,金银块的进出口在较短的时期内会出现偶然的波动,波动幅度至少为五六百万英镑,而这种波动与作为货币在公众手中流通的硬币的数量和价值完全无关,并且对商品的一般价格也完全不产生影响,同样,物价也不是这种波动的原因。

有人可能提出反对意见,说我认为贮藏在商业界的主要国家银行中的、可用于调整国际收支平衡的那些金银块,在恢复通货水平时,应被看作是在执行货币的职能,正是货币需要从一国输送到另一国这一事实表明通货水平受到了干扰。这种反对意见建立在金银是货币或通货的假定之上,并认为为此目的而运送金银块会直接影响有关国家实际流通的货币或通货的数量。但这种反对意见忽略了以下一点,即,硬币只有在进入了,也就是说,成为国家内部流通的一部分时,才能称作通货,而金银块只能被看作是资本。[①]

① 墨西哥元和俄国金币是例外,因为美洲银矿的产量主要是以墨西哥元的形式分配到世界各地的,苏俄帝国的亚洲省份不断增加的巨额贵金属产量也是以金币的形式添加到贵金属的供应总量上的。我国的金币也是例外,其原因是,我国发行金币不征收铸造税,因而在某些方面输出金币要比输出金条或金锭更为便利;除了这些例外,通常作为货币而流通的硬币便很少抽出来弥补任何数量的国外支付,除非强制流通的纸币使硬币在国内贬值。

作为商品或资本的金银块和作为货币或通货的硬币之间的区别，可以用缴纳铸市税的硬币和汉堡的情况加以说明。在汉堡，用于所有正常收支的货币主要由各种外国硬币构成，这些外国货币按约定价值转手，而所有商业支付则通过转让资本来完成，资本以纯银的形式贮存在银行里，称为银行票据。

在类似汉堡的情况下，银行中白银的数量会出现而且必然经常会出现很大的波动，因此，银行票据也会经常出现很大的波动，而用于满足公众经常性开支的流通货币的数量却不会发生任何明显的相应变化，商品的一般价格也不会因此而发生变化。如果依据正确的原理对该国的金币征收铸币税(即，限定金币为法定货币，允许金币持有者以每盎司 3 镑 17 先令 10.5 便士的价格兑换金块)，则在只流通金属货币的情况下，国家银行金库中金块的数量或金块交易商手中金块的数量就会时常发生很大的变化，但却不一定会对实际流通的通货数量(即公众的开支引起的日常普通交易所需的货币数量)产生什么影响，物价也不会发生变化。

上面简要叙述的观点，把作为商品的金块(这种金块是国际间转让资本最为方便的手段)同用于国内用途的通货区别了开来。当我一会儿尽全力说明了用于转让和分配资本的那部分流通媒介和用于日常收支即用于零售业的流通媒介之间的重要区别时，这一观点将被表述得更为清晰。这里，我不准备更为详尽地叙述我对纯粹金属货币流通方式的看法，因为这并不是本文所要探讨的主要问题，本文所要探究的是，人们在支持把银行的发钞职能与普通业务职能完全分离开来时依据通货原理而提出的那些论点，是否站得住脚。

本文所要考察的学说理所当然地认为，只流通金属货币才是完美的，而我国目前的纸币信用制度则是不完美的（这与有可能中止自由兑换完全无关），并详述了这种制度会在多大程度上偏离所假设的那种完美模式。其实，那些建立这种模式的人，对这种模式的特性和运行方式抱有极端错误的观念。①

① 在正文中，关于贵金属在短期内如何在各国间流动的问题，我采取了所谓重商主义的观点，假定各国间流动的贵金属的总价值是固定不变的。我相信，这种观点无论对于实际应用还是对于清楚解释商业事务的实际过程来说，都是正确的。至于究竟是哪些规律决定了贵金属在各国间的较为永久性的分布状况（这种状况便是各国的通货水平，通货水平表现在物价上，特别是表现在以金银定值的工资上），这是一更为一般而深奥的问题，若要适当讨论这一问题，需要作更为严格而系统的阐述，所要进行的推理工作和牵涉的事实，都大大超出了本文的范围与目的。

第三章　通货理论对现行体制的运行所抱的错误看法

如果说上面已举出了充分的理由，使人们至少怀疑通货理论的鼓吹者究竟知道不知道纯粹金属货币的流通方式，或者更为正确地说，使人们至少感到，这些鼓吹者对纯粹金属货币的流通方式存在着完全错误的理解，那么，我们必然会产生怀疑，或毋宁说，得出这样的结论，他们也可能在完全相同的程度上不仅错误理解了依据通货原理管理的硬币和银行券混合流通的运行状况（也就是使其与他们所设想的金属货币的流通状况相一致），而且还错误理解了这种混合流通的实际运行状况和在现行银行体制下的运行状况。

他们的这种错误理解，主要表现在对银行券的看法上，他们认为，银行券从本质上说在其所有特性和职能上都不同于流通媒介的每一其他组成部分，只有银行券和硬币称得上是**货币**。

因此，他们把银行券称为**纸币**，并认为货币数量会对贸易、信心和信用的状况以及物价产生直接的影响，他们由此而极为重视流通银行券的数量的增减，特别是，重视这种增减是否与金块数量的变化相一致。所以，由于在他们看来发钞银行有能力控制其流通银行券的数量，使其与金块数量的变化相一致，或者用更为常见的话说，发钞银行有能力通过兑换控制发行额（因为关注兑换可以知道黄金是正在进还是出，或者黄金可能是要进还是出），因而他们把流通银行券的数量是否与英格兰银行金库中金块的数量相一致，看作是检验或衡量银行管理好坏的标准。

当差别明显时，那些拥护通货原理而又偏袒英格兰银行的人，便指责地方银行未注意通过兑换来控制银行券的发行，以致使英格兰银行把总流通额限制在适当范围内的所有尝试落空了。而地方银行，不论是私人的还是合股的，却通过其喉舌坚持说，它们没有能力限定公众手中银行券的数量。而且它们不满足于这种反驳，反而把帽子扣在英格兰银行头上，说英格兰银行控制着整个流通，为满足自己的目的而扩张和收缩流通数量。

据我看来，这两方在指责对方时没有一方是正确的，而且下述一些人也完全没有作出正确的判断，这些人仅仅依据通货理论确立的标准进行判断，即，仅仅依据银行券数量的变化是否与金块数量的变化相一致进行判断，指责现行体制使流通额变化不定，由于管理不善而带来了各种弊害。

我坚信，并将尽力说明，流通中的银行券数量，即发钞银行已发行的、公众手中持有的银行券数量，并不是衡量发钞银行管理好坏的标准，也不是引起贸易、信心、信用以及物价变化的动因；除了发钞银行的无力支付所造成的不便比非发钞银行造成的不便更大外，这两种银行对通货价值造成的影响并没有什么区别。

我不能不认为，在坚持通货理论的理论家中间，存在着一种潜在的模糊观念，它主要是使用“纸币的发行”这一术语造成的，使得通货理论家们把确实可兑换成硬币的银行券同强制流通的、不可兑换的纸通货混为一谈。固然，他们知道，必须随时偿付的义务最终将控制前者的过度发行，从而使它不同于后者。但在我看来，根据他们所有的说法和他们的全部论证来判断，同样可以说：他们被一种错误的类推引入了歧途，虽然他们笼统地承认，发行能力由于要受自由兑换的检验而必然会受到限制，但他们认为，每一个单独的发钞银行和全部发钞银行却有能力随时直接增加流通银行券的数量，并有能力从流通中抽回银行券。鉴于通货原理的拥护者认为，货币（意指银行券和硬币）的数量会对贸易、信用和物价产生影响，我们更有理由说他们受到了上述错误类推的影响。同时，也许应讨论一下他们的推理是否证明了以下一点，即银行券在执行货币职能方面，其所有本质特征都不同于交换业务中所使用的所有其他形式的票据。

第四章　银行券被赋予的特殊性质

诺曼先生提到，人们为了完全不使用货币，或者为了缩小货币数量（这对于调整现有的交易活动是完全必要的），经常采用他所谓的便利方法，接着他说道：

> “由于这些便利方法在这种货币的替代物和我所认为的那些真正构成货币即硬币和钞票的东西之间提供了一种现成而实用（如果不说是严格科学意义上）的区别，因而关于这些便利方法，可以概括地指出以下一点，即：如果从流通中抽回银行券，它们的位置必然会被等量的硬币所填补；但是，废弃任何或所有上述为节省货币而采用的便利方法，却不一定会引入同等数量的硬币或银行券取代它们。”——《致 C. 伍德先生的信》，第 34 页。

讨论这一命题时，让我们用最为极端的假设检验它。我们假定，英格兰银行有能力也乐于从流通中收回它发行的所有银行券；或者，为了避免有人提出这样的反对意见，即在这种情况下，其他银行可能会填补空白，让我们假定，议会颁布法令禁止所有见票即付的期票流通。在此种情形下，是否会像诺曼先生所说的那样，全部银行券必然会被硬币所取代？毫无疑问，绝对不会。

稍微思考一下，人们就会看得很清楚，只有面额较小的银行券如果被禁止使用，会被硬币所代替；目前仍在爱尔兰和苏格兰流通的面额为1英镑的全部银行券，以及在联合王国流通的面额为5英镑的大部分银行券和面额为10英镑的小部分银行券，将被硬币代替。

所有较大的数额都很可能被支票、汇票和结账所替代。

较大面额的英格兰银行券，主要用于以下目的：

1. 征收岁入和向国库缴纳税款。

2. 出售和抵押土地和其它不动产时支付款项。直到最近，做这种交易时通常还必须用银行券为契约的转让付款。不过，近来这一做法已有松弛的趋势。现在，这种场合的支付活动，也常常使用支票。

3. 向那些没有银行户头的人支付股利和租金。

4. 在债务人没有银行户头，或债务人不被信任，不能开支票偿还债务的情况下，用于偿还债务。

5. 打官司时向法庭缴费。

6. 银行家，特别是伦敦西区的银行家用于持有储备金，以及伦敦市内不被票据交换所接纳的联合股份银行用于持有储备金。

7. 票据交换所用于清算。

以上这些特殊用途，大都或全部可以用银行券以外的手段来满足，肯定不必通过用硬币代替银行券来满足。

1. 岁入愈来愈多地使用英格兰银行的汇票缴付。

2. 购买地产和不动产愈来愈多地使用支票付款。

3. 可用认购证书向那些没有银行户头的人支付股息。

4. 和 5 涉及的数额很小,实质上并不影响我们所讨论的问题。

6. 英格兰银行券在银行家中间的流通,无论是在英格兰银行和伦敦西区银行家之间的流通,还是在英格兰银行和伦敦联合股份银行家之间的流通,以及地方银行券用于结算时在地方银行之间的流通,只不过是资本的常规转移。

7. 伦敦市的银行家之间的结算,可以像爱丁堡市的各家银行之间的结算那样,完全用财政部证券来完成,或者用英格兰银行的支票来完成。

最低面额以上的地方银行券(用于零售业和支付工资),大多用于粮食市场和牛马市场,正如我将说明的,在这些方面,以前曾使用汇票付款,而且以后会再一次广泛使用汇票。

第五章　存款和支票

在通货理论所承认的代替货币的便利方法（虽然它不承认这些方法完满地执行了货币的职能）中，有必须偿付的银行存款或银行储蓄。1840 年，发钞银行委员会考察银行存款时，似乎浪费了很多的时间和精力讨论这样一个问题，即是否应把存款视为通货，存款是否执行了货币职能。

有一明显的理由反对把存款一般地说成是执行货币职能，那就是存款在付还条件方面是不同的。但即使假设存款确实是随时偿付的，认为存款本身能直接起作用或具有活力，显然仍是不妥当的。

把存款或储蓄说成是有活力的，至少听起来叫人感到很奇怪。如果说存款有活力的话，也是在根据存款开出的支票进行支付时具有活力。不是存款，而是存款的转让，换言之是支票，构成了实际的交换手段，与银行券一起进行支付。支票不仅像银行券那样完满地执行了货币职能，而且在适用于支票的交易活动中，它们甚至比银行券更为便利。

支票避免了支付小笔数额硬币的麻烦，在许多情况下，它们还取代了加盖戳记的收据，因为银行家的账簿被当做了付款的证据。它们也避免了被抢劫和火灾的危险，而这些对于那些没有防盗和防火安全设施的银行券持有者来说，是经常发生的。开票人的支票簿还保存了所有支付细节，因而如果付款或收款有任何差错，在查找这些问题时，它们也是会有帮助的。而且，由于伦敦的银行家经常去票据交换所，因而使用划线支票使签发这种支票的人可以在营业开始至三点半或四点半之间，调整他们的收款和支付，从而银行家只需支付、收取或抵消余额。以上便是使用支票的优越性，这些优越性连同其它可能存在而尚未被观察到的优越性，造成了一种日益增长的巨大趋势，即人们在伦敦和伦敦行政区的金钱交易中，更乐于使用支票而不是使用银行券。[①] 习惯于使用银行户头的那些人发现使用支票而不使用银行券更为便利，除此之外，中产阶级（上层阶级已全部或几乎全部使用银行户头），不论是不是商人，也在愈来愈多地使用银行户头，这是支票取代银行券的另外一个原因。

有一切理由相信，在伦敦行政区内，更大数额的支付是用银行汇票而不是用银行券完成的。见票即付的存款是汇票得以流通的基础，这种汇票完成的支付比银行券要多，似乎正是根据这一点，佩奇先生在他的证词中（以及休谟先生在他的考察中，他的观点同佩奇先生的观点完全一致）认为，存款是通货，在支付活动中，存款比银行券更为活跃。

---

① 为了说明在伦敦的商业交易中，人们更乐于使用支票而不是银行券的这种趋势，此处可以指出，如果一个正在从事商业活动的商人，收到了 100 镑或 100 镑以上的英格兰银行券，并在同一天不得不支付一笔或数笔数额恰好相等的银行券，则在大多数情况下，他将用一张或几张支票来进行这种支付，并把银行券放进银行户头，存入他的凭付款通知单付款的账下。

问题 770.（休谟先生）“您说纸币和存款都是通货，那么请问，这两种通货您认为哪一种在支付活动中更为活跃？”

回答：“当然是存款。”

正如前面所说，我认为把存款说成是通货不妥当，因为，虽说见票即付的存款确实可以通过转让手段用于支付，可交换手段实际上是过户凭单或支票，而不是存款。然而，是否把见票即付的存款或仅仅把凭存款抵付的汇票看作通货，这一问题对我在此处的论证来说却无关紧要，因为我要证明的是，作为交换手段，支票或者赖以签发支票的存款，在几乎一切情况下都可以像银行券那样方便地执行货币职能，并且在大多数情况下比银行券更为方便；[①]因此，只要认为是银行券产生的影响，则不论是对物价、利率，还是对贸易状况的影响，都不能否认支票，或者它们的基础，亦即见票即付的存款也会产生这种影响。

① 用汇票代替银行券进行支付，可大大节省硬币。用银行券进行支付时，所有 5 镑的零头都必须用硬币支付。由于英国（爱尔兰和苏格兰除外，那里仍流通 1 镑的银行券。）支付非常频繁，由此而节省的硬币其数量必定是相当可观的。

第六章 汇票

用汇票来调节数额巨大的交易，长期以来已为人们所熟知，并被人们笼统地承认。但在韦克菲尔德的杰出银行家已故的利瑟姆先生的小册子出版之前，这巨大的数额并没有明显地得到公众的注意。利瑟姆先生根据印花税票发行公报进行了精心的计算，下面就是他计算的结果：

1832—1839 年 印花税票统计表

	大不列颠和爱尔兰印制的票据（根据印花办公室发行的印花税票统计表计算）	每年某个时候流通的平均数额
	英镑	英镑
1832 年	356 153 409	89 038 352
1833 年	383 659 585	95 914 896
1834 年	379 155 052	94 788 763
1835 年	405 403 051	101 350 762
1836 年	485 943 473	121 485 868
1837 年	455 084 445	113 771 111
1838 年	465 504 041	116 376 010
1839 年	528 493 842	132 123 460

利瑟姆先生说明了他是如何根据统计公报提供的数据计算出上述结果的。我倾向于认为，他的计算结果就所依据的材料而言是非常接近于事实真相的。看一下伦敦票据交换所的交换额，也

可以证实汇票的巨大数额。1839 年，伦敦票据交换所的交换数额达到 954 401 600 镑，每天借助于略超过 200 000 镑的银行券平均完成了 3 000 000 镑以上的汇票和支票的支付。

利瑟姆先生认为(其实是断言)，汇票在执行货币职能，为了说明自己这种观点，他指出，

> "许多年以来，向呢绒布匹商支付小额的 10 镑、15 镑、20 镑甚至高达 100 镑的汇票，并于支付后两月向伦敦银行提款已成为商人们的习惯。我一向认为这些汇票占我国纸通货的一半以上，数量仅次于黄金。这种汇票的期限是限定的，在通过背书从一个人手中转到另一个人手中时，愈来愈安全。但从 1815 年对小额汇票抽取过高的印花税后，商人们便不再用汇票支付，而改用银行券，要求从收款人那里每支付 1 镑扣除 2 便士的现金。我发现，由于抽取这种印花税，国家岁入大幅度减少了。"——第 44、45 页。

1819 年"上院恢复现金支付委员会"进行调查时，刘易斯·劳埃德先生提供了下列证词：

> 问题 9：当您 1792 年在曼彻斯特开始做生意时，那个城市或兰开夏郡的任何其他地方是否有发行银行券的地方银行？
>
> 回答：我想没有。
>
> 问题 10：兰开夏郡从来就没有发钞银行吗？
>
> 在我的记忆中，从来没有。我于 1789 年开始在曼彻斯特居住。在那个时期以前，大约是 1787 年或 1788 年，那儿发行

过银行券，我想，那家银行后来倒闭了。我想，除了最近和目前在布莱克本所做的发行银行券的尝试外，那是兰开夏郡直到最近以来所做的唯一一次发行银行券的尝试。

问题 11：自从您提到的那个时期以来，兰开夏郡的流通是如何进行的呢？

流通的完全是英格兰银行券和汇票。

问题 12：同汇票相比，英格兰银行券所占的比例相当大吗？

我想，英格兰银行券占 1/10，汇票至少占 9/10，这些汇票在人们手中流通，直到它们的背面盖满了章。

问题 13：对汇票的这种流通方式感觉到不便了吗？

一点儿也没有。

问题 14：在后来的年份中，英格兰银行券的流通比例相对于汇票而言是增加了还是减少了？

我想，银行券的比例增加了。

问题 15：你认为增加的原因是什么？

部分原因是印花税的大幅度增加。根据我自己商号的交易活动，我可以说，过去从邻近郡所获得的食品供应，常常用小额汇票支付，大多数是 10 镑或数额更小的汇票。但现在人们去邻近地点购买食品时，随身携带的却是银行券和银行邮汇票，他们说，印花税严重妨碍了他们用汇票作小额支付。我现在几乎没有一天不为购买食品而向曼彻斯特寄送2 000镑的银行邮汇票，而在最近增加印花税之前，我几乎从未这样做过。

问题 16：这些汇票是在使用之前为特定贷款而开的，还

是产生于先前的交易？

购买食品的那些人过去常常携带着已开好的、并以他们自己为受款人的汇票去集市和农贸市场，这些汇票常为特定的数额，如10镑的汇票，就像他们现在带着10镑的英格兰银行券和银行邮汇票去市场上那样。这些汇票有这样的独特之处，即，它们的期限通常为两个月，并被看作是现金。这些汇票由地方银行开出，由伦敦银行付款，并汇回伦敦，以便利收到汇票的人。现在，由于有了银行邮汇票和英格兰银行券，收到汇票的人便得向兑付汇票的人支付两个月的利息。我谈的是向曼彻斯特供应食品的情况。曼彻斯特几乎所有其它的交易，除了工人的报酬外，现在仍然用汇票进行。工人的报酬大多是用面额1英镑的英格兰银行券支付的。

如果情况与此相反，汇票的印花税被减少或取消，而见票即付的期票的印花税保持不变甚或增加，实际情况就会大不一样，商人之间在进行小额支付时会用汇票取代银行券。

已故的亨利·桑顿先生曾写过一本书[①]，该书在当时引起了很多人的注意，而且霍纳先生1802年就此在《爱丁堡评论》第一期上发表了一篇文章。在该书中，桑顿先生清楚而全面地描述了当时汇票是如何执行货币职能的；他的这种描述也完全适用于当今的情况。关于汇票，他说：

"它们不仅节约了现金的使用，在许多情况下，它们还代

① 《英国票据的性质与作用研究》。

替了现金。让我们设想一个乡下的农夫要向邻近的杂货商偿还10镑债务。农夫向食品杂货商支付了一张他在城里售卖谷物时伦敦的谷物代理商开具的10镑汇票。而传递这张汇票的杂货商，事先则把它背书给邻近的一位面包师，以偿还一笔同样的债务。传送汇票的面包师，又再一次把它背书给一位在外港的西印度商人，而把汇票交付给地方银行的西印度商人也背书，把汇票送到进一步的流通中。假若是这样，这张汇票将完成五次支付，一张见票即付的10镑银行券完全一样。不过，汇票能够流通，主要是由于每一位收到汇票的人对最后的背书人即他自己的商业代理商抱有信心；而银行券能够流通，则是由于发钞银行的名称已被大众所熟知而使它享有普遍的信用。大量汇票在国内商人中间以我们所描述的方式流通；因而从最严格的意义上说，它们显然已构成了我国流通媒介的一部分。

“汇票主要在商业界流通，几乎未受到公众的注意。可现有汇票的数量，可能总是比各种银行券和流通畿尼的总量要大。在利物浦和曼彻斯特，数额较大的商业支付，一律不使用地方银行券，而是使用限期为一两个月、由伦敦兑付的汇票。这两个城市的银行每年分别开具的汇票数额达数百万镑。”

已故的弗朗西斯·巴林爵士在更早的时候(1797年)，写下了他亲身体验到的一些事情的情况，他在下述段落中，谈到了地方银行通常以何种方法发行出票后或见票后兑付的期票：

“在1793年初和今年1797年初，纽卡斯尔的银行停止了支付，而埃克塞特和西英格兰银行则坚持兑付。纽卡斯尔银行的合股人要富裕得多，但他们的私人财产已投资别处，无法及时变现来阻止对其银行的挤兑。纽卡斯尔银行的期票在出票后数月开始付息，然后见票支付，因而它们没有时间来准备偿付。埃克塞特银行则发行见票后 20 天支付的附息期票，从票据开出的日期开始计息，到承兑的当天停止付息。毫无疑问，纽卡斯尔银行的做法更加有利可图，但它们必须随时兑付。埃克塞特银行则有 20 天的宽限期，从而有充裕的时间与伦敦方面联系，得到所需要的一切帮助。”①

根据通货理论，票据上若写明在出票后或见票后按抬头(因此需要背书)兑付，便不能认为它在执行货币职能，如果是这样，那又是根据什么一直把见票后按抬头兑付的银行邮汇票包括在英格兰银行的流通统计表中呢？这种银行邮汇票从形式上说完全是汇票，不仅见票后按抬头兑付，而且通过邮局传递。如果把它们视为流通的组成部分，那么根据什么不把爱尔兰银行、苏格兰特许银行以及英国各地享有良好信誉的银行的票据包括在地方流通统计表中呢？的确，这只适用于信用极好的短期票据；而那些认为只有银行券可以被视为货币的人想到的似乎只是长期票据。这类票据，即长期票据，有时并不用于流通的目的——它们仅仅是到期必须偿还的债务的借据，而不必经过第三人之手。我绝不会现在就停止区分相对于银行券而言的长期票据和短期票据，也不会停止区分由银行开具的票据和商人开具的票据或商人之间开具的票据。

① 《论英格兰银行和地方纸币流通》，第 17 页。

若能证明短期票据不仅可以代替硬币，而且还可以代替银行券，那也就完全否定了通货理论所依据的主要命题。

如果黔驴技穷而说汇票需要银行券的介入来作最终支付，则回答是，这完全是虚构，因为实际上可以通过结算进行调整，只需小量银行券就可以结清余额，同时也可以用英格兰银行的汇票结清余额，或者像在苏格兰那样，用国库券结清余额。正如刘易斯·劳埃德先生和利瑟姆先生所指出的，调整印花税妨碍了用小额汇票取代银行券。如果情况与此相反，降低对汇票课征的印花税，提高对银行券课征的印花税，则我们将会看到，前者会大量增加，后者会大量减少，换句话说，银行券会减少，汇票将取而代之。

或许几乎没有必要提及在21页上所引用的命题的后半部分，即，废除节省使用货币的任何一部分或全部便利方法，不一定会引进同等数量的硬币或银行券。几乎可以肯定的是，废除这样的便利方法，肯定会使同等数量的银行券或硬币被取代。

恕我冒昧，我认为，上面已列举出充分的理由证明了这样一种观点，即银行支票和汇票同银行券一起在执行各自所适用的货币职能。

如果通货理论的倡导者把他们所作的有利于银行券的区分限制在面额最小的银行券上，即，限制在全部1英镑的银行券以及部分5英镑和10英镑的银行券上，则像我已经说过的那样，或许可以接受这种区分。但诺曼先生和劳埃德先生的通货理论所依据的信条或原理又会怎么样呢？——并且，他们完全从全部流通纸币（不论其面额大小）的观点得出的关于银行管理的论断又会怎么样呢？实际上，他们检验管理好坏的标准，以及他们对全部流通媒介及其组成部分的用途和特性的看法，在本质上是有缺陷的和错误的。他们所作的区分，例如较大面额的银行券与汇票和支票的区分，是不真实，是非实质性的；同时，他们完全忽略和混淆了交换工具用于分配和支出收入时以及用于分配和运用资本时的不同性质。

第七章　商人与商人和商人与消费者之间流通的区分

要对现行体制的运行有清晰的看法，指出和说明交换手段的不同性质，是极端重要的。亚当·斯密博士已注意到这种区别，因而在他对纸币运行的看法中就消除了对通货和资本的混淆，而这种混淆几乎渗透并破坏了现代所有关于这一主题的推理。

斯密博士说，“每一个国家的流通，可以被认为是分成两个不同的部门，——一些商人和另外一些商人之间的流通，以及商人和消费者之间的流通。虽然是同样的货币，不论是纸币或金属货币，有时可以在一种流通中使用，有时可以在另外一种流通中使用，可是，由于两种流通都经常在同一时间进行，每一种流通都需要一定量的一种或另一种货币的储备才使之得以进行。在不同的商人同其他的商人之间流通的商品的价值，绝不会超过在商人和消费者之间流通的商品的价值，因为商人所购买的任何东西最终都要卖给消费者。可以对纸币加以管理，或使其只在商人之间流通，或扩大其流通范围，使商人与消费者之间的大部分交易也使用纸币。当没有10镑以下的银行券流通时，例如像在伦敦那样，纸币会仅限于在商人之间流通。消费者得到一张10镑的银行券，第一次买东西时就须兑换这张银行券，哪怕只购买5先令的东西。因此，在消费者把这张银行券用去 1/40 之前,它就早已回到商人手中了。"①

毫无疑问,这里所作的这种区分实质上是正确的。记住这种区分,则就商人和消费者之间的交换而言(包括工资的支付,它构成了消费者的主要支付手段),也就很容易看出,为什么硬币和作为硬币的较小面额的银行券,对这样的交换是必不可少的,因而,为什么如果那些较小面额的银行券被抽走,它们就肯定会被硬币所取代。但商人和商人之间的交换就不是这样了。银行券对于他们之间交换不仅不是必需的,而且事实上在大宗交易中,很少使用银行券。这点,对于任何稍稍了解如何进行这种交换的人来说,必然是明白无误的。

我国的绝大部分批发交易都是通过结算或通过抵销债务和债权来进行和调整的。债务和债权的书面凭证便是汇票(其中包括出票后应付给抬头人的所有期票),而在所谓现售中则大多用支票支付;仅仅是产生于大量这种交易的最终余额,需要用少量银行券来清算。我想,主要的例外发生在粮食贸易中以及买卖马牛羊的集市上。在那些地方,大多是用硬币和银行券进行支付。但毫无疑问,10 镑和 10 镑以上的数额,如果不是由于印花税增加,汇票可能会像先前那样取代硬币和银行券。

除了这些例外以及少数其它不使用信贷的批发交易以外,很少或根本没有银行券介入批发商人之间的买卖活动,这是没有什么可怀疑的。这里,我要解释一下,为什么除了我所指出的例外,

① 见《国民财富的性质和原因的研究》,麦卡洛克版,第 141、142 页。

可以在不实际支付货币(通货理论把货币定义为硬币或银行券)的情况下完成这种买卖活动。在我所见到的论述通货问题的各种专著中,据我所知,尚没有一本对此作出过解释。

原因是,商人之间的所有交易,即经过所有中间制造过程的各个阶段以后,生产商或进口商向零售商或出口商的所有出售活动,都可以转化资本的流动或转让。而在绝大多数交易中,资本的转让不一定要求,实际上也不会引起在转让资本的同时转让货币,即银行券和硬币,我指的是有形的货币,而不是虚构的货币。资本的全部流动可能是,并且大多确实是通过银行和信贷的运营来完成的,没有实际的硬币或银行券的介入,即,实际的、看得见的和有形的银行券,而不是假定的银行券,由一只手发行,再由另一只手收回。或者更确切地说,资本的流动是通过记入总账的一边,又在另一边加以抵消来完成的。而且还有另外一点也很重要,即商人之间交易的总额,最终必然被商人和消费者之间交易的总额所决定和限定。

除了发行见票即付的期票以外,银行家的业务可以分为两个部分,正好与斯密博士所指出的商人与商人之间的交易以及商人与消费者之间的交易的区别相一致。银行家业务的一个部分,是从那些不想立即使用资本的人那里收集资本,并把资本分配给或转让给那些想立即使用资本的人。另一个部分是接受消费者的存款,并根据消费者的消费需要付出。前者可看作是柜台后面的业务,后者可看作是柜台前面或柜台上面的业务;前者是资本的流通,后者是通货的流通。

讨论银行业务时还应把以下两者区分开来,银行的一部分业务是，一方面集中资本，另一方面分配资本；银行的另一部分业务是为地方的局部目的管理通货。作这种区分对于讨论通过国际汇兑管理流通的问题，对于讨论通货与物价之间的关系问题，都是极端重要的，因而也就需要最充分地阐明作这种区分的实际意义。所以，作为阐述这一点的最好方法，我大量利用了 1841 年发钞银行委员会的调查。如果有人感到只需简单说明这一点就非常清楚，而认为我为此引用的证词太多了，则我对此可以回答说，尽管对有些人来说这种区分可能非常简单和清楚，但在调查中发挥重要作用的该委员会成员却受到了通货理论信条的严重影响，以至(至少是根据他们反复提出相同的问题来判断)他们显然仍不相信发钞银行无力直接影响银行券流通的数额。甚至直到今天，根据后来的情况，以及仍然偶然出现的反对过量发行纸币的言论、出版物和演说来判断，发钞银行有能力随意创造纸币[①]的信条，似乎仍像过去一样流行。

① 在通货学派看来，纸币就是公众手中的银行券。

第八章　根据国际汇兑状况调节流通

所有被调查的地方银行家一致指出:他们没有能力超过当地正常交易的范围,利用贷款或贴现来扩大或缩小当地银行券的流通量,或影响当地的物价。确实,为了满足储户的需要,他们可以拒绝发行他们自己的银行券,但在不发行自己的银行券时,必须提供英格兰银行券或硬币,因而当地的流通额照样不会减少。他们可以缩减或要求偿还贷款,从而减少他们的债务,并最终必然减少流通量,但仍必须满足当地对银行券的直接需求。

那些证词表明,他们发行的纸币被用于并且局限于本地的目的,主要用于零售业中的小额支付。在农村地区,是用于购买农具和种子时向农民作预付,用于向家畜贩子和粮食商作预付,但是,当要求用贷款和贴现的方式作较大规模的预付时,则总是用伦敦兑付的汇票,或用(借款人觉得方便的)其他城镇的代理银行的汇票作这种支付——这种贷款或贴现无一例外地取自于资本,或换言之,取自于银行的一般资金。

从英格兰的地方银行家中,我选择了斯塔基先生的证词,他在萨默塞特郡通过其公司控制着一些管理有方的银行,我选择他是因为没有人比他在理论上和在实践上更精通银行业务。凭借其地位,他以前同利物浦勋爵和赫斯基森先生关系密切。他于1819年接受金银委员会的调查。他信奉已故的李嘉图先生的理论，主张根据国际汇兑状况来调节银行券的流通。① 那么作为一个银行家，他的极为丰富的经验是什么呢？

477.（主席）您是否认为，一般地讲，地方银行在控制自己的发行额方面存在着不可逾越的困难，无法在国际汇兑不利的时期把发行额减少到某种程度？

我确实不知道怎样能做到这一点。

478.那么，您认为所有的地方银行家应关注国际汇兑的情况，这会产生什么实际效果呢？

实际的效果是，这会使他们在管理货币交易时更加谨慎和细心。但我并不是说，在农业地区，国际汇兑状况会改变流

① 根据国际汇兑状况来调节发行这种说法，像通货理论中的所有其他术语一样，对实际过程的描述是十分模糊的。人们也许认为，那些声称根据国际汇兑状况来调节发行额的英格兰银行的董事们，密切注视着行情的变化，依据行情是有利还是不利，调节他们的发行额，或者更确切地说，调节他们的贷款。实际上根本没有这回事。他们完全是根据金块的流入和流出状况行事的。只有外汇经纪人能判断行情，估计贴水以及日期和距离。说地方银行能判断行情，这真是天大的笑话！帕尔默先生 1832 年向银行特许状委员会提供的证词，明白无误地证明了这一点：

122.“您如何根据国际汇兑状况来调节发行？——通过把银行券换成金银输出到国外。”

123.“您是根据国际汇兑状况的报表来调节发行，还是根据国际汇兑状况对英格兰银行产生的影响来调节发行？——根据对英格兰银行产生的影响。”

125.“当您看到国际汇兑状况有产生这种影响的趋势时，您难道有时不预计对黄金的需求会对英格兰银行产生实际的影响吗？——不，我们只等待着实际的需求。”

非常清楚，事实上，董事们仅仅受和仅仅可以被他们财富的状况所引导；描述实际过程的词语不应是“根据国际汇兑状况来调节流通”，而应该是“根据金块的流出或流入调节证券。”

通状况。

479. 您是否认为，虽然地方银行家应关注国际兑汇状况，但他们却无法使这种关注产生实际效果，即无法在逆汇期间减少发行额？

我看不出怎么做到这一点。

480. 那么，您建议他们应当关注国际汇兑状况，难道这种关注对于他们的发行一点实际影响也没有吗？

是的，这种关注只会影响他们对金融事务的管理。

481. 对他们的**发行**会产生什么实际影响呢？

影响很少。我的看法是，地方发行额与国际汇兑没有什么关系。

482. 您所建议的对国际汇兑状况的关注会对他们的发行产生影响吗？

影响很少。只会对他们的金融事务管理产生一些影响。

483.（弗里曼特尔爵士）会对他们的债务产生影响吗？

会的。

484. 但相对来说，对他们的发行产生的影响很小，是吗？

是的，特别是在我国的农业区。

485. 您认为地方银行家依靠什么发行银行券？

同其它任何事情相比，更多地依赖于农业的状况。当地主过得舒适时，我认为发行会增加。

491.（弗里曼特尔爵士）您给农民的垫款是一种资本的预付，您是用自己的银行券，还是用英格兰银行券或黄金向他们支付这种垫款？

是的，一般是用我们自己的银行券。

492. 但是，如果国家的状况不需要增加发行额，您是否确有把握能在短时期内收回您的那些银行券？

当然。

493. 因此，您在那种情况下所作的垫款是一种资本的预付，而不是一种纯粹的发行的预付，是吗？

的确，它出自于我们的财力。

501.（主席）您可以陈述一下您是如何受国际汇兑的影响的吗？

我想，是伦敦的银行家受国际汇兑的影响，我才受影响的。我当然知道，如果我的存款被提走，而又有人需要兑换的话，我就必须出售证券。因此，我注视着国际汇兑状况，以掌握货币市场的情况，这样，我就可以知道，我将出售什么样的证券。

524.（主席）假设这样一种逆汇情况，即根据您自己的观点，应该缩小国家的纸币流通额，此时，在储户要求用银行券支付他们的存款时，您是否会受国际汇兑状况的支配？您是用英格兰银行券支付存款呢，还是用您自己当地的银行券支付。

我承认，我不会受国际汇兑的支配，但是如果我知道存款的钱要流向什么地方，我是会受那种流向支配的。

525.（弗里曼特尔爵士）您已经说过，当您看到黄金正在流向国外，伦敦的货币供应变得紧张时，您习惯于向您的各个分行发布指示，要它们在预付款时更加谨慎小心，这实际上是否会减少您的银行券在那些地区的流通额？

我认为不会造成这种结果，据我所知，也从未造成这种结果。

526. 那究竟会产生什么影响呢？

会使它们在预付款方面更加谨慎，使我们自己的财力紧紧控制在我们自己手中；不贴现我们在某些情况下本来会贴现的票据，而是拒绝贴现；不预付1 000镑或2 000镑，而希望只取走500镑；因此，我们使我们银行的资本和银行的财力牢牢掌握在我们自己手中。

527. 您是否准备说这种行为方式没有影响您自己的银行券的流通额？

据我所知，确实没有产生这种影响。

537. 让我们假设最终认为应该使地方的流通额与国际汇兑状况基本保持一致，您是否认为可以由地方银行家以某种方法做到这一点？

我现在还不知道怎么能做到这一点；但在这个问题上，我可以冒昧地说，在我看来，地方银行券的发行，例如英格兰西部银行券的发行，与国际汇兑状况关系很少或根本无关。

538. 那么，您是否认为同国际汇兑有关的仅仅是英格兰银行券的流通？

我确实认为只有英格兰银行券的流通应该同国际汇兑相关联，因为那是在伦敦的流通，而伦敦通常是进行国际汇兑的地点。

539.（格罗特先生）您的意思是说，您认为应该使英格兰

银行券的流通变化同国际汇兑相一致，而地方银行券的流通则不应受国际汇兑的影响吗？

不，我并没有那样讲。我的看法是，地方的流通不影响国际汇兑，因为那是一种不同的流通；我们知道，国际汇兑受各种因素的影响，但我认为它们不受地方流通的影响，我一直在关切地注视着这个问题。

伦敦和威斯敏斯特银行的吉尔巴特先生、巴思一家银行的霍布豪斯先生以及伊普斯威奇一家银行的罗德伟尔先生，他们的证词提供了大量信息，表明究竟是哪些因素影响和限制地方流通，表明地方流通不可能受国际汇兑的影响。但由于这些先生们认为根据国际汇兑状况调节地方流通即使可行也是不可取的，所以，我宁愿利用斯塔基先生的证词，因为，他认为并公开宣称，尽管根据国际汇兑状况调节地方流通是可取的，但却是完全行不通的，他的广泛而长期的经验证明了这一点。

1832年，银行特许状委员会就这一问题询问了格尼先生，我以前已相当详尽地提到了他的证词，[①]这里引用的仅仅是其结尾部分：

根据您所说的，是否可以得出这样的结论：地方银行券不那么容易过量发行？

我坚持认为，地方银行家的任何做法都无法使地方银行券过量发行。

① 《物价史》，第3卷，第198页。

就这一问题而言，或许可以认为，所援引的证词给出了充分和明确的结论。但不仅仅是有关这一问题的证词得到了证明，而且还借助于苏格兰的银行系统在很大程度上阐明了资本和通货之间的区别。因此，为了说明这种区别，也就很值得看一下银行特许状委员会 1841 年对一些苏格兰银行的经理所作的调查。

第九章　苏格兰银行业。根据国际汇兑状况调节流通，以及资本和通货之间的区别

苏格兰银行是一家最古老的特许银行，成立于1695年，管理得井井有条。该行的司库和总经理亚历山大·布莱尔先生的证词提供了很多有价值的信息，告诉我们苏格兰银行体系是如何组织和运行的。

他谈到这样一个不寻常的事实，即银行之间每周两次的票据交换产生的余额，是用国库券来抵消的，它们为这一明确目的所持有的国库券数额高达450 000镑。在这里，国库券可以像英格兰银行券在伦敦票据交换所中那样通行无阻。

布莱尔先生还说道，要维持3 000 000镑的平均流通额，需要发行7 000 000镑的银行券，——这是一个不寻常的事实，因为似乎所有银行券都要付印花税，不管是在公众手中的，还是在银行院墙内的，并且全部银行券在一年的两个时期中有几天是在市面上流通的。

此外，根据同一来源提供的材料，1826年，全部存款数额大约为21 000 000镑，到1841年，其数额达到大约27 000 000镑。

叫人觉得奇怪的是，在苏格兰，虽然自从1826年以来，银行的资本大大地扩充了，银行的贷款也大大扩大了，并且银行业的竞争

也大大加强了，但是总的流通数额却大大减少了。这让我们如何看待普遍接受的学说呢，这种学说认为，银行有能力为了自己的利益和便利增加发行纸币，发钞银行之间的竞争会制造出大量无价值的纸币。

布莱尔先生对苏格兰银行贷款的增加，作了下述陈述：

> “在苏格兰大约有 380 家银行营业所，其中 348 家是支行。苏格兰人口大约为 2 500 000，这样，每 6 600 人就有一家银行。
>
> 在 1825 年，有 167 家营业所，其中 133 家是支行。那时的人口是 2 200 000，平均每 13 170 人有一家银行。
>
> 据信，每年通过苏格兰的银行兑付的银行券数额，交付的不低于 100 000 000 镑，收到的也不低于 100 000 000 镑。苏格兰银行自己单独交付的为 10 000 000 镑，作为交换收到同样多的数额。”

但是，我提到布莱尔先生和苏格兰银行其他经理证词的直接目的，是要表明他们没有并且也不可能根据国际汇兑的状况调节流通；他们进行垫款时，垫款出自于他们的资本或出自于储户的资本，因此，对他们的流通并没有任何直接的影响；他们关注着英格兰银行调节预付的行为，然而，那种行为对他们的流通却没有任何直接的影响。

主席问布莱尔先生，

> 您是否认为银行券流通额应根据国际汇兑状况加以调节？

我认为，银行的贷款和贴现应根据国际汇兑状况进行调节，但是，我认为没有必要根据国际汇兑状况来调节流通。

1879.（格罗特先生）那么，您是否认为，当英格兰银行为了纠正汇兑不利的情况而缩减发行额时，地方银行也应以同样的方式缩减发行额？

我认为，在那种时候，地方银行应根据自己的一般贴现规则，考虑英格兰银行的行动。我要求不再谈论流通问题。我要说，在这种情况下，地方银行应当关注它们的贷款和贴现的数额；与此同时，我要说，（英格兰）银行应当保持有大量储备金，其数额依据过去的经验和观察来决定。为此，根据为公共利益持有储备金的数额，它应得到赔偿金。

1880.那么，您是否认为，在汇兑处于不利情况并且英格兰银行正在紧缩其发行额时，地方银行提供贷款和进行贴现应该比以前更加谨慎？

当然。

1881.（J.R.里德爵士）您的银行是根据这一原则行事的吗？

是的。

不过，对艾尔郡银行的经理肯尼迪先生和格拉斯哥联合银行公司的安德森先生所作的调查，特别有助于说明资本和通货之间的区别问题。他们的证词便可用来阐明这一点。

肯尼迪先生被问道：

2092.（格罗特先生）您是说您的在任何时候流通的银行

券，其数量都不受国际汇兑的影响吗？

我是这样认为的。

2093. 但是，您是否还说，在国际汇兑处于不利情况时，当货币市场受到压力时，作为一种慎重的措施，您认为必须变卖一些您的储备金或从爱丁堡或伦敦收回一些资金？

是的，我正是这样说的。

2094. 那么，您不认为您把在爱丁堡或伦敦变现的资金引入您所在的地方，实际上等于为您自己获得一定数量的伦敦或爱丁堡的通货（因为您的通货在当地增加并不等于立即增加了当地的通货总量）？

但是，我们并没有把爱丁堡或伦敦的货币引入我们所在的地区。我们的储备金是以这样的方式减少的：有人要在爱丁堡或伦敦或其它地方进行支付，我们在那里动用我们的储备金进行支付，因而我们并没有从伦敦市场上拿来黄金或英格兰银行券在本地进行支付。

2095. 虽然您可能实际上没有从伦敦市场上拿来黄金或英格兰银行券，但是您减少您在爱丁堡和伦敦的储备金数量，以此增加给予某些当地借款人的预付，不就等于相应把爱丁堡或伦敦的通货引入了您所在的地方吗？

我并不认为我从伦敦那里拿来了通货，仅仅是在伦敦或爱丁堡进行支付，一方支付给了另一方而已。

2096. 您能描述一下，您的储备金通常是以什么方式保存的吗？

是以低利可转让证券的方式保存着，如国库券和短期汇票，还有存放于我们在伦敦的银行家手中的货币，存放于在伦敦的其他合伙人手中的货币，以及存放于爱丁堡、格拉斯哥和其它地方我们的代理人手中的货币。

2097. 假如您在伦敦或爱丁堡出售了几千镑的国库券，您肯定会把由此得到的收益存入您在爱丁堡或伦敦的代理人的账上吗？

当然。

2098. 在这种情况下，当您指示把那笔存款付出时，您不实际上就为了您的银行而支出了同等数额的伦敦通货或爱丁堡通货吗？

是的。

2099. 那么，就事实来说，您不认为您通过处置您的那部分伦敦或爱丁堡的通货，在您自己所在的地区增加了一定数量的银行券吗？那实际上不也就是减少了伦敦或爱丁堡的通货吗？减少额不是正好等于您所在的地方增加的发行额吗？

但我签发伦敦的代理人支付的汇票时，并没有因为增加了他支配的款项而付出银行券。我只是签发了伦敦方面付款的汇票，把款项付给在伦敦的某个人；款项在伦敦支付，因而我并没有为此发行银行券。

2100. 但是您为自己支取了一部分通货，这不就减少了伦敦或爱丁堡的其他人所能得到的通货数量吗？

我并不认为这会减少伦敦通货的数量，通货只是从一方手中转到了另一方手中。

2101. 如果您不使用通过变卖国库券得到的那部分伦敦

通货，那部分通货不就将被伦敦的其他人用来向伦敦的借款人放款吗？

我并没有把那部分通货拿到伦敦以外的地方去；它仍旧在伦敦的某个人手中。

2102. 但是，如果您由此而能够向您本地的借款人扩大贷款的规模，那您也就用它满足了您所在地区的需要，这实际上不也就等于相应地转移了资本，使它不再用于伦敦，而用于艾尔郡：这不就是由此带来的结果吗？

也许结果是这样。但伦敦市场上的通货数量并没有因此而减少。我没有把通货带出伦敦。我只是从伦敦的一个人那里拿走通货，然后又把它给了另外一个人。

2103. 您没有把一部分从前在伦敦的资本从伦敦结转到艾尔郡吗？

我认为没有。

2104. 如果这种交易的结果能使您满足艾尔郡借款人的要求，而不这样做，您就不能满足借款人的要求，那么这不就等于把这么多的银行资本从伦敦转到了地方吗？

确切地讲，是艾尔郡的一些人向伦敦的一些人偿还应付的债务。

肯尼迪先生是正确的：这只不过是债务的转让。艾尔郡银行是伦敦一家银行的债权人，债务额为 1 000 镑，它把那笔钱的汇票转给伦敦；而收到和兑付艾尔郡银行汇票的个人或商号正好要向他在伦敦的代理银行还债。交易相互抵消。最终的差额，如苏格兰和英格兰之间的差额，必须通过增加或减少苏格兰银行在英格兰所拥有的资金来调整;在某些情况下,还可能伴随着英格兰银行券或硬币的转移,虽然这不经常发生,数额也不是很大。

尽管上述证词的意思已很清楚,但该委员会后来对格拉斯哥联合银行公司的经理安德森先生进行调查时,仍就资本和通货之间的区别提出了下列问题,这表明上述证词没有给调查者留下什么印象:

> 2323.(主席)您是否试图根据国际汇兑的状况来调节纸币发行额?
>
> 调节的不是纸币发行额;我们根据国际汇兑的状况来调节我们的业务,我们认为,纸币发行额不需要调节。我们调节预付款和贷款,不调节银行券的发行额。
>
> 2324.您是否认为,满足了顾客的需求也就充分调整了纸币发行额?
>
> 我是这样认为的。
>
> 2335.您是否认为限制贷款和预付款就会对纸币发行额产生影响?
>
> 不会对纸币发行额产生直接的影响。
>
> 2336.是否最终会产生这种影响?
>
> 纸币发行额最终会受到压力造成的疲软的影响。当工资很低,人们失业时,在他们中间流通的货币就会减少,并且我们的发行额也随之减少,但压力的直接结果不是减少发行额。
>
> 2337.那么,发行额的缩小是由公众方面需求的减少引起的,而不是由银行方面更加谨慎的行为引起的?
>
> 确实如此。

2338.（格罗特先生）但您所描述的结果是否意味着在这种时期公众对纸币的需求有增长？

是对货币[①]的需求有增长，而不是对纸币的需求有增长。

2339.出现这种需求时，您用什么方式加以满足呢？难道不是通过增加您自己的银行券来满足这种需求吗？

在大多数情况下，需求的增长表现为伦敦方面兑付的汇票，或由曼彻斯特或利物浦方面兑付的汇票增多。对我们的压力主要来自南方，我们认为来自伦敦、利物浦和曼彻斯特的额外需求是压力的最初迹象，这种压力并不直接来自我们自己的地区。

2340.（主席）您的意思是不是说，您的顾客需要它们，他们必须在曼彻斯特、伦敦和其它地方付款？

是的，可以说在很大程度上情况就是如此。

2341.（格罗特先生）您以什么方式使您的顾客们能进行那种您不得不在利物浦、伦敦或曼彻斯特进行的支付？

通过向他们签发由我们在那些地方的代理人或代理银行兑付的汇票。

2342.您是否把您在伦敦、利物浦或曼彻斯特的一部分资金用于这一目的？

是这样。

2343.那么，实际上您不是用您自己在本地的通货，而是用您在伦敦拥有的一部分通货来作这种预付？

① 十分明显，这里所说的货币，证人指的是资本，以区别于纸币。

不，我认为这种说法没有准确地描述这种交易，它是我们的资本。它是我们在苏格兰筹集的并为那一目的而存放在伦敦的资本，它不是贷给苏格兰的伦敦通货，而是属于苏格兰但存放在伦敦的资本，现在，它被用于所需要的方面。

2344. 但如果您要在伦敦进行支付的话，不是必须用在伦敦唯一流通的英格兰银行券进行这种支付吗？

当然了。①

2348. 当您在格拉斯哥的顾客们需求增加时，难道您不是用当地的银行券和由伦敦方面兑付的汇票来满足这种需求吗？

当然是这样。我们的发行额从星期二到星期五，又从星期五到星期二因此而增加，但我们不计算这种发行额，因为我们知道，它很快会返回来，我们也知道，这不是预付纸币，而是预付资本，在下一个交易日，它就会变成我们资本的一种预付。

2349. 您是否确信你那时增发的银行券将在交易所内会很快返回到您那里，将要求您用伦敦方面兑付的汇票支付它们？

是的；或者用国库券在爱丁堡支付。

2361. 您难道没有因为在那种特殊时期增加了预付额而增加了借款人手中购买货物的手段吗？

① 提问和回答都错了。前者假设必须用英格兰银行券进行支付，后者则默然同意这种推测的必然性：实际上这种支付可以，而且通常确实也大都是通过在票据交换所相互抵消而完成的。

是的，是增加了。

2362. 这实际上不就等于在您放贷的地区增加了同等数量的纸币吗？

我想不是增加了纸币，而是增加了资本。因为我们所支付的银行券不是停留数天或数周后去进行购买，它们立即被支付给另一银行，兑付后又回到我们这里来，它们实际上是我们预付给某人的资本，使他能进行购买。[①]

2363. 但是，虽然最终它会成为用您的资本作的预付，然而，在一段时间内它却是仅仅借助于您的纸币而不是借助于您的资本所作的预付？

是在两三天的时间里。

2364. 到底是更长呢，还是更短？

我想，就这些额外的预付而言，不会超过下一个交易日。

2365.（吉斯博恩先生）这同签发由您在伦敦的银行兑付的汇票相比，是不是实际上会更多地给予他们在伦敦购买货物的手段？

不，我想不会。

2366.（格罗特先生）但您先用自己的银行券进行垫付，然后再签发由伦敦方面兑付的汇票，这中间肯定经过了一段时间，不管是长是短，在这段时间里，由于银行券返回到您那里，难道总的说来您所在地区的纸币发行额没有增加么？

我认为这又把我们带回到已作了许多讨论的问题上，即，

① 商人之间的购买活动，最清楚地显示出了资本与纸币之间的区别。

存款是否构成纸币发行额的一部分。我们付出的银行券在市面上流通，在它们被使用之前，它们必然以存款的形式付还给我们或另一银行。它们并没有永久性地增加当地的发行额，而只是在一两天甚或不到一天的时间里增加了发行额。

2367.（詹姆斯·格雷厄姆爵士）接受银行券的苏格兰人中有多少开立有银行户头？

很大一部分苏格兰人都开立有银行户头。自从我们聚到一起，我们一直在讨论这个问题。这里的一位先生，他是一家拥有很多地方分行的银行的经理，告诉我说，他的银行的债权人数目是20 000人。从我们自己的情况看，我到伦敦后，得到报告说，我们银行的债权人数目是15 770人。这里的一位先生，他是一家没有分行的银行的经理，告诉我，已有7 000人持有他的契约。

2368.（格罗特先生）是定期存款账户吗？

是的，有定期存款账户，也有附息的经常账户。

2369.（詹姆斯·格雷厄姆爵士）由于支付给银行的每一笔钱，不管是以存款的形式支付，还是以记入经常账户贷方的形式支付，都按日计息，由于对账户的交易不收手续费，同时还由于得到货币的大部分苏格兰人都开立有银行账户，因而用当地银行券进行的全部支付，是否在24小时之内立即又回到了银行手中？

我想是这样的。

2370.（格罗特先生）由此而继续往下推论，最终是否会得出这样的结论：公众手中没有任何银行券，而每一家银行发行的全部银行券实际上都在其它银行手中？

情况正是这样。现在市面上仅仅流通着 3 000 000 镑银行券，这是一笔很小的数额。人们肯定在口袋里和家中的钱箱里放一些钱，店主肯定在钱柜中有一些钱，这是日常生意所收到的款项；工厂主也必须持有银行券为工人支付工资，等等。但这些加在一起，同英格兰的发行额相比，仅仅是很小一部分。在苏格兰，3 000 000 镑的银行券实际上大约相当于全部人口一人 1 镑。在英格兰，虽然 5 镑以下的一切交易都用黄金，但纸币流通额实际上也只相当于一人 2 镑。英格兰的人口为 15 000 000，通货发行额为 30 000 000 镑。

上述这些极富才智的证人清楚地说明了通货和资本之间的区别，这种区别不仅仅是分类的问题或言辞上的批评问题。把通货与资本混淆在一起，是建立有关银行管理的理论时产生谬误的根源，也是实际应用这种理论时产生错误的根源。

这方面的一个突出例子是，通货理论的拥护者用各种理由来为英格兰银行 1835 年以西印度群岛贷款的保证金作抵押而进行预付辩护。其中一主要理由是，如果没有这种预付，通货就会过度收缩。在以 4%的贴现率想得到多少通货就可以得到多少通货的情况下，叫人实在不好理解，通货怎么会过度收缩，实在不好理解公众或银行家手中怎么会因缺少银行券而感到不方便。事实是，这完全是个如何自由运用资本的问题。在满不在乎地向美洲贷放大量资本的时候，怎么能够想象资本不足呢？就纸币发行额或通货而论，根据当时的情况，我们有一切理由相信，不论作不作预付，同需要额相比，通货数量都不多也不少。

第十章 对英格兰银行的管理提出的各种指控

前面从对地方银行家的调查中所作的摘录，向我们提供的是这样一些证人的证词，他们虽然说明了地方银行系统的运行机制，却没有就英格兰银行的管理发表什么看法，不论是批评的还是赞扬的。但另外还有一些证人接受了发钞银行委员会的调查，他们提供了非常详尽的证词，其中包含一些很有趣的细节，用来表明根据他们所看到的规律性变化什么可以被认为是决定地方流通变化的规律，但当他们就英格兰银行的管理发表看法时，却改变了推理的整个过程。

他们指责英格兰银行有时过度扩大发行，随后又缩减发行，是造成国家近年来商业状况兴奋与消沉相互交替的罪魁祸首。许许多多的作者，其中有些是联合股份银行的坚决拥护者，另一些则同任何银行没有联系，在演说中都极力反对他们所谓的英格兰银行的巨大垄断；坚持认为地方发钞银行增加发行额的能力是受到限制的，而英格兰银行增加发行额的能力却不受限制，但为英格兰银行所有者的利益着想，是应该进行这种限制的；认为英格兰银行能购买国库券和其它政府债券、金块以及贴现票据，并能以其银行券的发行作后盾，随意作任何数额的预付；认为如果汇兑变得不利，并且它的黄金流出，它便可以加强控制，致使所有的商业活动陷入极大的混乱。

霍布豪斯先生和吉尔巴特先生的证词提供了突出的例子，说明这些人是怎样推理来试图证明，地方银行完全没有能力调节它们的发行额，而英格兰银行却完全有能力随意扩大和缩小它的发行额，只是最终要受其金银储备消耗的限制。

H. W. 霍布豪斯先生的证词

158.（吉斯博恩先生）您可以说明一下作为发行人来说，英格兰银行和地方银行家之间的显著区别吗？

我认为地方银行同英格兰银行相比仅是些发行额很小的发钞银行。英格兰银行处理的完全是它自己的通货；它经常买卖纸币，恕我使用这样的词语；它不管伦敦或伦敦以外的地方是否需要，而以黄金作抵押发行纸币，我认为这是很不道德的。然后他们又向地方贷放他们的银行券，而地方银行家绝不会这样做；如果他这样做，他就会丧失信用：如果他试图像英格兰银行那样发行纸币，他就会永远抬不起头来；英格兰银行还买卖证券，对流通产生影响，而地方银行家则完全是被动的，这就是我所勾画出的主要区别：地方银行家所从事的发行业务同英格兰银行相比是太小了，因此，据此来对他们作出评价是太不公平了。

159.（休谟先生）委员会是否可以认为：您反对英格兰银行以黄金作保证金发行银行券？

如果流通方面没有实际的需求，那就会在不需要多发行银行券的情况下增加流通额。如果一个人来到我的银行，把一定数量的黄金存入我的银行，要我以此发行银行券，我是不会这样做的，因为，如果人们不需这些银行券，我就无法使它们在市面上流通，它们会返回来；所以，正如我所说的，我不能像英格兰银行那样从事我的业务。如果一个人拿黄金到我这儿来，我将不得不为此支付硬币。

160.（格罗特先生）拿金块到您那里去的人不是可以去造币厂得到硬币吗？

是的，但如果流通方面没有需求，他不会这样做；但就英格兰银行来说，他却可以为了一时的目的把黄金存在那里而得到银行券；能够这样做对于英格兰银行来说，是很正常的，但我却无法这样做。我知道，银行券会立即返回我这儿；总之，我无法控制发行额。

J. W. 吉尔巴特先生的证词

1015.（主席）还以其他什么检验标准来确定是否需要发行银行券？

除了利率以外，就英格兰银行而言，我认为流通货币的数量也是一种检验标准。

1016. 您可以作更详尽的解释吗？

我认为，英格兰银行发行额的增加同地方银行发行额的增加是不同的，因为地方银行发行额的增加是由各地区的商业状况造成的。地方银行无法用其银行券购买股票、国库券或金块，因而其发行额的增加表明其所在地区的商业有发展；要么是商业更加兴旺，买卖的商品数额增大，要么是某一因素致使商品价格上涨，因此，我不认为地方银行发行额的实际增加是过量发行的确实证据；如果是那样的话，爱尔兰的发行额每年12月都大幅度增加，也就成了该地方过量发行银行券的证据。而事实是，在年底，由于收获物上市，许多银行券被提取出来。但是，英格兰银行发行额的增加，则是以金块作担保金或通过购买政府债券发行银行券造成的，不是商业的需求引致的，因而必然会降低利率，导致商业投机活动和对外国证券的投资。

1017. 那么，您的意思是，以金块作担保金或通过购买证券来增加银行券的发行额都是过度发行了？

我必须再次说明，我很厌恶全称命题，因为我认为在政治经济学中没有全称命题；它们都有例外的时候，并可根据具体情况对其加以修正。但一般说来，并参照经验，我认为，以金块储备作担保来发行银行券往往是过度的发行。

根据这些回答的大意可以推断，每一次英格兰银行都是用银行券购买证券或金块，这些银行券因此而在市面上流通，从而增加了发行额；如果它们不在市面上流通，怎么能说是增加了发行额呢？至于说到买卖证券，英格兰银行即使不是发钞银行，但由于它拥有大量资本和存款，它也可以买卖证券。但霍布豪斯先生和吉尔巴特先生说，地方银行如果购买证券，则不能用它们的银行券来进行支付，因为对其银行券的需求是有限的；因此，它们必须用伦敦方面兑付的汇票来为购买证券付款。但汇票是什么呢？它使汇票持有人能得到黄金，如果他需要黄金或可以利用黄金的话。那么，英格兰银行用贷款或贴现的方式进行预付或购买证券时，又做了什么呢？证券的卖方或借款人可以要求得到银行券或黄金，正像他可以要求其它发钞银行提供英格兰银行券或黄金那样。但他不会要并且在大多数情况下也确实不要银行券或黄金。他可能仅仅要求以他存入银行的数额作抵付使用支票的权力。事实上，除非存在着对黄金的需求，否则，英格兰银行的大多数交易，不论是买卖证券还是买卖金块，都像地方发钞银行的交易那样，对公众手中银行券的数量不产生什么影响。

对英格兰银行最为离奇的指控是，它由于购买金块而过度发行其银行券。首先，若没有理由认为英格兰银行由于购买证券而发行银行券，那也同样没有理由认为英格兰银行由于购买金块而发行银行券。其次，英格兰银行不得不购买黄金。黄金有时从国内流通领域进入银行，在这种情况下，黄金理所当然地缴入了银行；黄金有时作为金块从国外以金市的形式进入银行，这些金币是以前不课征铸币税时输出到国外的，在这种情况下，显而易见，英格兰银行也必须被动地接受它们，并必须用银行券或以账面信贷的方式为此进行支付。但让我们来看一下未铸成硬币的黄金的情况。如果银行拒绝购买它，进口商可能会把它拿到造币厂，铸成硬币后再存入银行。霍布豪斯先生说，它不一定会被拿到造币厂，因为流通不需要它。如果它只能作为通货而进入流通领域，即只能用于零售方面，这可能是正确的。但进口商要把它当作资本来使用，如果英格兰银行不购买金块，他就必须花一些时间把它铸成硬币，以便可以把它存入英格兰银行，这样，作小许牺牲便可获得对资本的控制。因此，英格兰银行以每盎斯 3 镑 17 先令 9 便士的价格购买金块，就节省了进口商的这一迂回过程。而且，应该指出，英格兰银行按其章程来说也是金块交易商，如果它不这样做，其他

银行也会这么做。

以上就发行额的管理对英格兰银行提出的指控，实际上是矛盾百出的。一方面地方银行家指控英格兰银行通过购买金块而过量发行银行券，另一方面通货原理的拥护者，即金属硬币原理的拥护者却认为这是对现行制度或现行管理的一种污蔑，认为输入金块并不会使发行额相应增加。

第十一章 英格兰银行没有能力增加发行额

我们在前面第 22 页描述了人们如何使用已经发行的、在英格兰银行院墙外流通的银行券，从这种描述中可以清楚地看出，银行券的使用范围很窄，用途受到严格限定和限制，以致英格兰银行绝不能按自己的意志，使已在公众手中流通的货币数额增加 10 万镑，甚至 1 000 镑也增加不了。我并不是说，英格兰银行不可能进入某种自发的活动，这种活动的性质，使银行券脱离英格兰银行而不在当天或第二天以存款或对金块需求的形式返回。这种交易由于自身的性质可能要求银行券在国库或代理人手中或银行家手中存放几天。我的意思是说，在这种情况下，银行券会作为存款不可避免地返回英格兰银行；或换言之，银行券会闲置在银行家的钱柜中，除了在那种特定的活动中发挥作用外，在购买或支付的交易中不执行货币的任何职能。我曾经援引过格尼先生在 1883 年发表的一种观点，[①]他认为，只要伦敦的交易所需银行券的供给是充足的，那么增加 5 000 000 镑的结果将是，这 5 000 000 镑不起任何作用，或更确切地说，它将闲置在银行家的钱柜中。

在 1840 年发钞银行委员会召开的听证会上，有人又提出了英

① 《物价史》，第 3 卷，第 156 页。

格兰银行是否有能力增加发行额的问题，证人的回答再次表明，英格兰银行没有这种能力。务请记住，下述提问与回答涉及人们所想象的英格兰银行的活动对流通数额、利率以及物价的影响。我引述这些提问与回答，直接目的是要表明英格兰银行不能通过其活动增加其在外流通的银行券数额。

下面的问答中，提问人是皮尔·罗伯特爵士，回答人是佩吉先生，在此之前，曾有人在提问时假设英格兰银行有 20 000 000 镑的银行券处于流通之中，另有 70 000 000 镑的硬币存放在金库中。

> 问题 832. 假设由于贴现汇票或向政府放款而发行的那 20 000 000 镑银行券保持不变，假设英格兰银行突然抛出 5 000 000块金币并使其进入实际的流通，作为地产证券的垫付，难道这不对国家通货产生影响吗？
>
> 如果它们在市面上流通，将对物价产生影响；但它们很快就会返回银行。在这种情况下，英格兰银行管理的货币总量最初不会发生任何变化，但英格兰银行会像私人银行所做的那样，用存有的货币购买证券而不增加债务；但这种情况绝不会持久；因为流通领域要么需要那些金币，要么不需要那些金币；肯定是不需要；因为，在那之前，并没有出现这种需要，既然流通领域不需要它们，它们就将返回英格兰银行，增加存款。然后，英格兰银行的情况就像上面所说的那样；它们将增加英格兰银行的证券，同时增加其债务。
>
> 833. 它们将返回英格兰银行，因为它们若不返回英格兰银行，会使通货贬值；但它们滞留在外时，难道不会影响物价吗？

它们不会滞留在外多长时间。

如果佩吉先生的回答只限于我加着重号的部分，那他的回答是正确的。既然流通领域不需要那些金币，它们就将返回英格兰银行，从而增加存款；随后，如果不提出这样的问题，即："833. 它们将返回英格兰银行，因为它们若不返回英格兰银行，会使通货贬值；但它们滞留在外时，难道不会影响物价吗？"这一问题假设它们已作为通货进入流通——如果不作这一错误的假设，而是问：为什么或者在什么意义上这些金市还被需要而将返回英格兰银行，则正确的回答将是，流通领域需要金币，即使不是完全用于，也主要是用于收入（包括工资在内）和支出的目的，而不是把其当作资本转让的手段。硬币主要用于商人和消费者之间的零售交易。因此，既然上述以抵押贷款方式强制发行的金币绝不会增加零售交易中的需求，所以这些金币由于是纯粹预付资本最不便利的手段，很可能会作为存款返回英格兰银行。

根据假设，这是英格兰银行的一种被迫的活动。要作这种程度的抵押预付，英格兰银行将不得不置换现有的资本（因为根据假设，商业状况处于一种完好的静止状态，换句话说，处于均衡状态，没有发生新的情况诱使新的借款人按现行利率购买那种证券），而现有的资本以前已被预付并抵押了出去。所以要置换现有资本，就得大幅度降低那种证券的利率，以诱使新借款人或受押人偿还其贷款并以降低了的利率从英格兰银行借款。

受押人的贷款被以不便利的方式出乎意料地偿还后，他们当然要寻求其它投资机会；但他们不会很容易地找到投资机会，除非他们以更低的利率提供资本。这只不过是以一种方式消除了为资本寻找投资机会遇到的困难，或更确切地说，只是转嫁了困难。因为，抵押贷款得到偿还并转让给英格兰银行后，受押人重新购买多少证券，也就会使多少资本在市面上流通，其数额正好与转让那些证券所释放出来的资本数额相等。

即使英格兰银行所作的这种抵押预付提供给了做土地投机生意或其它投机生意的人，结果也不会有多大变化。当然，在进行土地投机活动时，地产按年度计算的价值会暂时上升。在这种情况下，土地的卖主在付清了债权之后，会力图用剩下的款项在国内外购买证券，而且最初会同被偿还了抵押贷款的受押人一道，把由此而得到的金币存入银行。不论在哪一种情况下，都将增加英格兰银行或其它银行的存款。由此而累积的存款，会由于利率的大幅度降低慢慢在国内或国外找不到投资机会，而不一定会像上面的提问所设想的那样，增加流通额或使通货贬值，至少在利率降低时不会出现这种情况。

我之所以要特别评论罗伯特·皮尔爵士的提问所表达的观点，是因为发钞银行委员会的调查（皮尔先生是该委员会的成员，并参与了调查）竟然没有动摇他的信念，即，英格兰银行有能力通过强制发行银行券增加黄金或银行券的流通量，从而有能力使通货贬值。在1842年会期的最后一天，罗伯特·皮尔爵士谈到了他提议课征的关税会使情况好转，有助于减轻当前的痛苦，接下来总结说：

“我承认，可以通过某些方式造成暂时的繁荣。通过发行面额为1英镑的银行券和通过鼓励英格兰银行更大规模地发行纸币，就可以造成暂时的繁荣；但这种繁荣是虚假的。在我看来，避免采用这种刺激方法，要明智得多。”①

发行 5 000 000 镑面额为 1 英镑的银行券而不是金币，所造成的结果只有这样的区别，即，虽然在以证券作抵押发行的情况下，它们不增加流通的数量，但由于公众可能更喜欢面额为 1 英镑的银行券而不是金币，因而将是金币而不是小额银行券返回英格兰银行。

从上面援引的发言的结束部分和对佩吉先生的调查来看，罗伯特·皮尔爵士似乎认为，在创造暂时繁荣方面，最有效的刺激方法是强制发行金市或面额为 1 英镑的银行券，次有效的方法是在政府鼓励下由英格兰银行大量发行纸币。

无论利率的下降最终会对我国的繁荣产生什么样的长久影响，以下一点都十分清楚，暂时的繁荣不是大幅度降低利率的必然的或直接的结果。在罗伯特·皮尔爵士说我引述的那些话时，即 1842 年 8 月，利率已降至若干年的最低水平，但确定无疑的是，经济并未恢复繁荣，哪怕是极其短暂的繁荣。因此，不管他两年前征求佩吉先生的意见时是什么看法（那时的利率仍较高），他都不能再认为，纯粹的有证券担保的预付，即，英格兰银行的贷款或贴现（总是假定，证券是平常的）会产生预想的效果。不知他为什么认为增发银行券会创造暂时的繁荣。

我们如此深入地讨论罗伯特·皮尔爵士所假定的情况，是要表明，英格兰银行同地方银行一样，并不能随意扩大发行额，并不能在萧条时用比平时多的存款或金块购买证券；还要表明，通常的

① 英国议会记录，1842 年 8 月 12 日。

那种说法，即英格兰银行和地方银行可有意扩大其发行额，是不正确的，因为它们实际上没有能力直接增加市面上流通的银行券的数量，这里所谓市面上流通的银行券，指的是经常转手、并在日常交易中执行货币职能的银行券。

英格兰银行突然被迫提供 5 000 000 镑抵押贷款时，可能凑巧遇到以下一些情况，如贸易在扩大，物价在上涨，或地方银行纸币的信用在下降；这些情况会吸收一部分英格兰银行增发的款项；在这种情况下，只有一部分增发的款项会返回英格兰银行，有些作为存款返回来，有些返回来兑换银行券（不是兑换黄金，因为国内流通领域并不需要黄金）。但在这里所假设的情况下，即使英格兰银行不增发银行券，存款人、贴现或金块的流入也会导致银行券增加。

依据上述观点，可得出这样的结论：无论是地方银行还是英格兰银行都没有能力（因为它们的预付是以证券担保的，纸币是可以自由兑换的）直接扩大其发行额；有人仅仅依据流通银行券数量的增减，便一口咬定英格兰银行在有意扩大或缩小发行额，这是一种错误的类推，忽视了两种不同发行的区别，一种所谓发行实际上是“以证券作担保”进行的预付，另一种是政府银行券即纸币的发行，只有后一种发行的数额能够按发行人的意愿增加。

第十二章　论通货数量和商品价格之间的关系

1840年，下院发钞银行委员会对证人的大部分询问，都是要证人发表对一些术语的看法，用这些术语可指明各种交换手段并对它们加以分类。这些证人被分别要求说明他们是在什么意义上使用“货币、通货和流通”等术语的，并被要求说明他们是否把英格兰银行的存款和汇票包括在这些术语的含义内。

这么重视确定这些术语的定义，似乎是由一种在发钞银行委员会的成员中占有明显优势的观点引起的，[①]这种观点认为，在各种信用券当中，只要确定了应把哪些视为能给予人们购买力的货币或通货，也就得到了一种标准，可以用来衡量或检验一些重要因素的影响，不仅贸易和信用的状况受这些因素的影响，而且一般物

① 从休谟先生向我和其他证人提出的那些问题来看，可以作出这样的推论；休谟先生认为，银行券和存款给予人们购买力，因而是作为物价变化的原因而起作用的。这可能是他当时的看法。但不久以前，他似乎持有一种截然不同的观点。1836年5月12日，在就W.克莱先生提议建立联合股份银行委员会的动议进行辩论时，休谟先生说：“关于纸币发行的数量，我认为我可以证明，只要纸币在联合王国的任何一个地方能够见票即兑换成黄金，就不可能发行太多的纸币。实际上我认为，关于通货对价格的作用存在着很大的错觉。我的观点是，货币的数量依赖于物价的上涨；而物价的上涨并不依赖于货币的数量。我认为，在这点上，普遍流行的学说是极端错误的。我知道，通货学者都不同意我的观点；但我从未得到公平的机会让我证明我的见解是正确的。”

价水平也受这些因素的影响；并认为，商品的价格，虽然在每一特定情况下会受供求的各种因素的影响，但也或多或少受到货币或通货数量变化的直接影响。讨论通货问题的绝大多数出版物都明确假定或隐含地假定，货币（不管给其下什么样的定义）的数量会直接作用于物价。[①]

不仅是通货学说的公开拥护者，而且大多数对通货问题感兴趣的公众，都显然认为，就对市场的影响而言，银行券数量的增减类似于政府法定纸币数量的改变；换句话说，他们认为，在这种情况下，物价受到流通银行券数量变化的直接影响，他们不加区别地把银行券一律称为纸币。

这种错误观念是由于忽视发行方式和发行目的的差异而造成的。我尚未见到各委员会的调查或有关通货问题的大量出版物讨论过这一点。实际上它们似乎都假定不存在这种差异，因此，任何试图对此进行解释的尝试都被看成是多余的。例如，波特先生在其《论国家的进步》这部具有很高价值的著作中有关通货的一章里，认为发行数量会对物价产生很大影响，并仅仅满足于指出："没有必要详细解释通货的过度发行会以何种方式引起一般商品价格的上涨。"[②]所以，无论对这一点作多么简单的说明都是必要的。我不能不认为，如果他停下来仔细考虑一下这个问题，他就可能修改他在那里所表达的通货数量对物价产生影响的观点，并可能使他对这种观点的正确性产生怀疑（他为了说明这种观点，还列了一个表）。

① 参见附录（A）。

② 《论国家的进步》，第 2 卷，第 225 页。

只需稍微思考一下就会看出我在这里所提到的这种差别的重要性。

政府发行不能自由兑换而强制流通的纸币，通常是用于支付：

1. 君主亦即统治者的个人消费。

2. 公共工程和公共建筑物。

3. 文职人员的薪金。

4. 陆军和海军费用。

很显然，政府所发行并如此支付出的纸币，不会回到发行人那里，将成为一种新的需求来源，被迫进入各条流通渠道。因此，每一次新发行超过一定水平之后（以前的发行已使物价和工资上涨至这一水平，并使兑换率下降至这一水平），立即就会使商品价格和工资进一步上涨并使兑换率进一步下跌；贬值幅度与强制增加的发行数量相等。①

由此可见，强制发行的纸币和我国的银行券之间的区别，不仅

① 不兑现纸币价值的变化不一定会使纸币丧失信用，不可自由兑换也下一定会导致贬值。英格兰银行券以及我国的私人银行券，在限制自由兑换之后两年中，仍具有相同的价值，好像它们一直都是可自由兑换的，而且一直未丧失信用。美国独立战争期间，美国纸币的信用发生了很大的波动，法国革命时期发行的纸币的信用也曾发生过很大波动，原因是人们对偿还机会的看法发生了波动。当偿还的所有指望都不复存在时，这两种纸币就由于发行过度而最终变得分文不值了。但俄国政府的纸币，虽然在其贬值的过程中，由于连续不断地增加发行，毫无偿还的可能性，可却一直未丧失信用。兑换率的变化，一部分是由单纯的纸币过度发行造成的，另一部分则是由贸易状况的变化引起的。增发纸币造成的影响，完全同硬币的状况不断恶化造成的影响相类似。俄国政府纸币贬值达到了 75%，到达这点以后，贬值便停止了。俄国政府要求按 4 个纸卢布兑换 1 个银卢布的比例支付关税和其他税收，实际上便以这一比例确立了兑换率下调的水平，恰似我国的兑换率被降到以 5 先令兑换 1 个金币那样。这一贬值比例持续了若干年，随后纸币的价值又上升到 3 卢布 60 分兑换 1 个银卢布。到 1838 年，银通货的价值又按贬值前的水平被重新确定下来，并对以前专门规定要用银行券偿付的合同作出了安排，把这种合同与用银币偿付的合同区别了开来。

在于它们的可兑换性对其数量所作的限制，而且还在于发行的方式。后者仅仅发行给那些有权得到黄金而宁愿持有银行券的人；所需要的数量是多些还是少些，取决于如何使用银行券。因此，银行券的数量是需求的结果，而不是需求的原因。另一方面，政府强制发行的纸币在增加发行的期间，却会作为一种初始的原因而直接对物价和收入产生影响，构成对货币新的需求源泉，而其相对于黄金而言的价值则在降低，但其名义价值却保持不变。

在通货可以自由兑换的情况下，若给定实际的和临时的商品供给，则需求的大小将不是取决于流通货币总量，而是取决于构成各阶层收入的货币数量，这些收入名之曰租金、利润、薪金和工资，其价值用黄金表示，用于本期支出。

亚当·斯密博士在我引用过的那段话(第34页)中说："在不同的商人之间流通的商品价值，绝不会超过在商人和消费者之间流通的商品的价值；商人所购买的任何东西最终都要卖给消费者。"因而，毫无疑问，商品进入消费状态时的价格(其结果是生产中消耗的资本得到偿付)，就比其它任何价格更适宜看作是一般价格。

生产成本将决定供给是否和在什么程度上继续下去，但在给定的供给状态下，有效需求的大小将由消费者能够和愿意支付的价格来衡量。消费者的购买力取决于他们的收入；而衡量购买力大小的尺度，正像我刚才说的，是指定用来购买即期消费物品的那部分收入。

公众用于即期支出的各种收入中，最大的部分是由工资构成的。从每周挣5镑或5镑以上的熟练工匠，到每周挣20先令到7

先令不等(这种收入包括其家人挣得的工资)的零工和普通工人,情况都是如此。因此,假设生产成本没有任何变化,目前的和临时的供给也没有任何变化,则各种收入的增加(其中工资占最大部分),将使一般价格上涨;而工资的下降,将使物价下跌。

如果一种或更多的消费物品的价格由于需求减少而下跌,而且低于生产成本的价格持续一段时间,则供应将减少,直到供应的缩小使价格上升,能再次补偿成本为止。或者,如果某种物品的生产成本由于某些永久性的原因而上升,而消费者的收入受到限制,如果这种物品不是生活必需品,并且如果供给减少而使价格上涨的话,则需求将永久性地减少,这种物品的生产量和消费量也将减少。但是,给定生产成本,并排除季节变化的影响,和其它影响供给的意外情况,那么,正如我说过的,在一定的价格之下,消费数量(这是检验有效需求的标准),将取决于不同社会阶层用于购买即期消费物品的那部分收入。

通货理论虽然把汇票和银行券区别了开来,但却忽视了信贷、资本和通货的不同特征,也没有把批发交易和零售交易区别开来,它因此而得出了一些错误的实际结论。为说明这一点,让我从诺曼先生致查尔斯·伍德先生的信(第43页)中援引下面一段话,根据诺曼先生的观点,这句话是要表明汇票对价格的常见影响:

"A购买B的棉花,按先前价格的10%预付一笔款项,为此开具承兑汇票,规定三个月之后付款。在这个时期结束时,或在一次或多次延期后,这张汇票必须用现有通货支付。如果没有足够的货币维持上述价格,价格必然下跌,B将因这笔交易遭受损失。但如果价格普遍上升,则将刺激棉花的进口阻止棉花的出口，或阻止棉织品的出口，最后的结果可能是使棉花的价格低于最初的价格，下降幅度同最初的上升相等或大于最初的上升。可以说，这种设想的情况很好地说明了汇票对价格的常见影响。”

这里，汇票被假设对价格产生影响，即，假定汇票是价格的原因；而事实正好相反。汇票非但不是价格的原因，反而是价格的结果。对利润的预期提供了动机，购买者的信用构成了购买力，而汇票仅仅是对债务的书面证明，承诺在约定的时间付款。如果按上涨价格购买棉花的A，没有过低估计供给，或过高估计消费，则制造商就必须支付这种价格，用他的承兑汇票或支票使A能够清偿自己的到期汇票，A由此而获得利润，或根据我们的假设，不赔也不赚。但如果A相对于消费而言错误估计了当前的和临时的供给，则价格将下跌，他将因这笔交易而遭受损失；如果他在很大程度上是利用借入的资本进行交易而损失又很严重的话，他将宣告破产。

根据交易的正常过程，在上述两种假设的情况下，显然只能得出上面所说的结论。但是，如果我没理解错的话，根据诺曼先生的观点，价格下跌的原因，不是由于买主对事实作了错误的判断，也不是由于相对于消费而言，他错误估计了供给，而是由于没有足够的货币来维持预定的价格。

诺曼先生没有试图说明，在假设的那种情况下，维持棉花价格上升所需的货币数量必然取决于硬币和银行券的总量，但他却把这种总量看作是国家现存的通货，认为棉花的买主必须从这种总量中抽取通货来偿付汇票。他似乎并不清楚，能够用于购买棉花和棉织品(即能够用于购买种植者手中的原棉和消费者手中的棉织品)的货币数额,取决于国内外消费者能够而且愿意用来满足其对棉布和棉织品需要的那部分货币收入。从种植者手中原棉的买卖到棉织品进入消费者手中,全部买卖活动所使用的货币总额,必然会达到那一数额,但不管中间交易使用多少汇票,绝不会超过那一数额,只有当雇主在分配和制造的各中间过程中错误计算了资本和劳动时,才会超过那一数额。

因此,维持某种物品高价格(这种高价格是实际供给不足或担心供给不足造成的)的主要障碍,不在于国内现存货币的数量,而在于消费者手中或口袋里用于购买这种物品的货币数量。价格最终下跌,并非像上面那段话所假设的那样,是国内维持高价格的通货数量不足引起的,而是由于消费者不能或不愿支付上涨的价格,由于供给恢复了平常的水平,或供给增加了,不管是实际有所增加,还是预期有所增加。

但紧接着诺曼先生又说了下面一段话,这段话表明,他认为汇票对于物价的影响不是开立汇票造成的,而是通过背书转手造成的:“大部分汇票的开立和兑付,对通货不产生任何影响。例如,设 A 向 B 出售咖啡,B 3 个月之后付款,按合理的现行价格为此开立一张汇票,A 持有这张汇票直至到期日;很显然,这与 A 提供相同期限的信贷,其结果是一样的。但当他通过背书用这张支票向 C 付款时,便节省了货币,而且通过不断背书转手,可进一步节省货币。因此,即便是通过开立汇票以上涨的价格赊购,有时也不创造任何新的货币,不一定节省货币。”

上面第一种假设情况下棉花价格的上涨和第二种假设情况下

出售咖啡的公平价格，从诺曼先生两段话的表面看，似乎应是这两种情况的必不可少的条件；但末尾的两句话却使人消除了这种看法，而得出了这样的结论：所支付的价格与下述问题毫不相干，即汇票究竟在多大程度上执行货币的职能从而影响物价。

这两种情况仅仅证明了我在前面竭力要表明的那一点，即商人之间的买卖活动，大多可以通过信用进行，汇票只是信用的书面证据；连续不断的背书增加了汇票上最初所签姓名的信用，并相应地转让了资本。我引述诺曼先生的这两段有关通货和物价关系的话，仅仅是为了指出他的学说犯了这样一个严重的错误，即认为汇票会对物价产生影响，而不是把汇票视为物价的结果。

通货理论认为纸币发行数量即银行券的数量会对物价产生影响，这在更大的程度上（因为通货理论更重视这一点）犯了与上面相同的错误，也等于是用原因来代替结果。正是这一错误，使人们在试图把通货理论应用于实际商业活动过程的一切努力中，颠倒了推理的方法并歪曲了对事实的看法。

第十三章　论利率和物价之间的关系

在证券交易所和金融市场，货币一词被当做资本的同义词使用。货币的充足和便宜意味着寻找投资机会的资本充足，其结果是利率低；另一方面，货币短缺和金融市场紧缩，则意味着游资的相对短缺，利率跟着就会上升。这些词语在只用于证券交易所或金融市场上的活动时，由于作专门术语使用，使用者完全理解其含义，因而无论是在实际使用的过程中还是在推理的过程中，都不会令人感到什么不方便。但是，在就通货问题进行一般推理时，在使用这些词语讨论银行业的管理时，若不加区别地既用货币或通货的价值这一词语表示商品的交换价值，又用它表示资本的使用价值，则这个含糊不清的词语往往成为造成混乱的一个根源。因此，在有关这一主题的许多著作中，以及向银行委员会提供的大部分证词中，会见到许多这样的例子，即那些使用这些词语的人似乎在两种含义之间动摇不定，因而他们绝不可能得出清晰的结论。

这里，我不想停下来指出，在一般推理过程中模棱两可地使用这些词语必然会得出哪些荒谬结论。我提及这一点只是想探明金融市场上所谓货币的充裕或短缺，或用较为正确、较少引起误解的词语说，低利率或高利率，究竟会对商品的价格产生什么样的直接

影响。普遍接受的观点是，低利率会抬高物价，高利率则会使物价下跌。吉尔巴特先生在1841年1月号《威斯敏斯特评论》上发表的一篇文章中，就是这样解释物价所受到的影响的，把物价受到的影响归咎于货币的充裕或短缺(他是按证券交易所和金融市场上的用法使用货币一词的，意指资本)："投机者和商人总是有某一特殊原因经营一种商品而不经营另一种商品；但易于获得货币(这里的所谓获得货币，实际上指的是资本的使用)是投机的动因，每一种商品的价格都根据特定市场上货币的数量而上涨。"易于获得货币(当然总是有充足的担保品)是商品投机的动因这句话完全与事实相悖，吉尔巴特先生恐怕很难举出哪怕是一个事例，用它来说明仅仅有充足的担保品作抵押能很容易地借到款项，就会导致大规模的商品投机活动。

也许值得从吉尔巴特先生的文章中再引述下面一段话，用以说明，根据通货理论，英格兰银行所作的预付，在不增加流通额的情况下，会以何种方式影响商品的价格：

> "让我们再一次假设流通额处于正常水平，假设英格兰银行购买1 000 000镑财政部证券，则由此而投入流通领域的银行券因为不能立即得到使用，会返回英格兰银行，并被储存起来。此时，流通没有增加，但存款增加了1 000 000镑。英格兰银行由此而会创造出1 000 000镑的购买力，而且储户力图进行最有利的投资时会抬高商品的价格，并对投机风气产生刺激作用。假如英格兰银行把存款的这种增加看作是增加另外1 000 000镑的充分理由，则所增加的这1 000 000镑仍会返回英格兰银行，增加储蓄存款：由此而会创造出2 000 000

镑的购买力，并将进一步刺激投机的风气，而每月统计表中的流通额却没有任何增加。”

可把这看作是对购买力概念的歪曲，这种看法在银行委员会某些成员的头脑中似乎深深地扎下了根。毫无疑问，由此而会创造出购买力；但如果相对于消费状况而言，供给状况并未显示出转售获利的前景，那么这种购买力为什么会用于购买商品呢？事实是，持有资本和享有信用的那些人所拥有的购买力，绝非是那些实际不了解投机市场情况的人所能理解的。[1] 他们错误地运用购买力的意向或意志与购买力同时扩张。其实运用购买力的动机要受转售获利前景的限制。

博赞基特先生在一本名为《硬币、纸币和信用通货》的小册中，提供了许多有价值的资料，并就这些题目进行了富有独创性的推理。他同意我关于通货数量不会对物价产生任何直接影响的意见，[2]但却认为利率会对商品价格产生影响，并非常重视这种影响。不过，在他两年多以前撰写这本小册子的时候（吉尔巴特先生的情形也是这样），利率还不像现在这么低，因而利用最近获得的

① 参见附录(B)。

② “我完全同意图克先生的看法：无论货币、汇票或存款的数量增加或减少多少，只要这种增加或减少严格与社会的需要相一致，数量的变化就绝不会导致商品价格发生变化。物价有时会上涨，超过其正常水平（需求减少时，物价又会不可避免地下跌），从而通货的数量相应增加；或者国内外的市场状况可能会压低物价，使其低于正常水平，贸易可能停滞，商品缺少买主（需求增加时，物价又会不可避免地上涨），从而通货的数量会相应减少；但通货的数量既不是物价水平的原因，也无论如何不会影响货币的价值。”如果删除我加着重号的那句话，代之以只要纸币是可以兑换的，则我会完全同意博赞基特先生对我的观点所作的这种表述。

经验评论他在与当前大不相同的情况下提出的观点，或许是不公平的。

然而，我并不是依据利率的这种变化来评论吉尔巴特和博赞基特先生在这一问题上的看法的。我提及他们的看法，是因为他们比其他作家更为明确，更为详尽地说明了，在他们看来，利率的变化是如何影响商品价格的。

博赞基特先生说(第 73 页)：

> “假如利率降低到 1%，借入的资本就会与自己拥有的资本几乎同价。”

认为以那样低的利率，或者甚至更低的利率借入的资本，与自己拥有的资本几乎同价，这是一种非常奇怪的观点，若不是由一个如此有才智的、并且在这一问题的某些方面又是那样见识广博的作家提出来的，几乎不值得认真对待。他是否忽略了这样一点，即，根据假设，必须具备偿还条件，抑或认为这点不重要？不过，他接着说：

> “对发行货币的需求”(借入资本?)，“或者获取资本的手段，在这种情况下仅仅受到所能提供的担保品的数量的限制，其结果是，所有那些能被利用来产生利润的商品的价格都将上涨。”

以这种方式说明低利率的作用，叫人感到很奇怪，似乎存在着严重的误解。我们必须假定，利率普遍降低，但需要可靠的担保品；因为，如果不加区别地提供信贷，而不要求合理的偿还担保，那人们就会肆无忌惮地进行投机活动。因而，假定利率普遍降低，并且贷款期限足够长，使经营不同商品的商人广泛地受到影响。那么，结果将正好与博赞基特先生所预期的相反。

利率的普遍降低等于，或更确切地说会导致生产成本的降低。在使用大量固定资本的地方，例如在制造业中，这显然是必然的结果，但在所有需要支出资本，需要花费时间才能生产出商品（不论是原料还是制成品）的情况下，也会产生这种作用；由此造成的低生产成本，由于生产者之间的竞争，将必然使所有商品的价格下跌，因为货币利息是商品成本的组成部分。因此，我的推测是，最近两年利率的降低，必定是我国某些最重要的制造品价格大幅度下跌的原因之一，因为这些制造品价格的下跌正好与利率的降低相一致。

博赞基特先生提出低利率导致高物价的理论，可能是受了吉尔巴特和其他许多人的观点的影响，这种观点认为，能很容易地以低利率借款，不仅向人们提供了购买力，而且还提供了诱因——刺激了商品投机。如果所谓能很容易地借款，是说放款人不那么在意偿债担保品，那么，人们很可能会不怕冒风险地使用由此而借到的款项，甚至会轻率鲁莽地使用这些款项；究竟是用于购买股票，购买外国证券，购买货物，还是用于进行任何其它投机事业，抑或用于纯粹的个人支出，这纯属偶然，取决于借款人的意图和眼光；这样的借款人不会仅仅因为能以低息借款，就受到刺激，做商品投机生意；他们只要能借到钱，也就高兴得不得了。若认为单单低利率便能诱使（当前人们喜欢使用的词儿是刺激）有资格获取贷款的那些人们从事商品投机（投机这个词在这里取其贬义），那就证明太不了解诱使人们从事商品投机活动的动机了。用借入的资本从事商品投资活动，这样的事即便有也是很少见的，除非预期价格将大幅度上涨，能在较短的时间内实现利润，以致可以忽略不计利率或贴现率。

实际上，人们往往过于夸大银行券、利率或通货的扩张和收缩(无论在什么意义上使用这些词)同商品投资活动的关系。只要季节的变化是天意注定的，只要立法机构仍错误地以政治和财政措施阻碍通商自由，从而加重所有其它引起波动的原因，尤其使我国谷物法中规定的滑动关税率变化得更厉害，那么，无论在何种通货状况下，都会有投机活动，而贬义的投机活动会使人夸大供给的不足，夸大供给不足对物价可能产生的影响。

博赞基特先生不仅认为利率的变化会对物价产生影响，而且还认为利率的变化会对贸易和信用状况产生影响，这两种观点我都绝对不敢苟同。他反对通货理论所作的一些重要假设，在这点上我和他意见一致，可是在我看来，最让人难以忍受的，还是通货理论前后不一致的推理方法和对事实的毫无根据的假定，而博赞基特先生却据此而认为(第 108 页)：英格兰银行在试图调整兑换率时，有时使物价升降 25%至 50%。在这个事例中，他把曼彻斯特商会 1839 年底发表的报告中的见解当做真理，即，1837 年信用和物价的突然下降使商品的价值降低了 25%至 50%。他同报告的写作者一起，把信用的那一突变和物价的跌落归因于英格兰银行不支持美国公司的票据和提高贴现率的措施。

1837 年信用的收缩是先前信用过度扩张的必然结果。但我必须谈谈以下假定，即 1836 年把英格兰银行的贴现率提高到 4.5%，并最终提高到 5%，对物价下跌产生了相当大的影响。如果英格兰银行的贴现率的上升被看作是那一时期商品价格下跌的主要原因，甚或是起决定性作用的原因，那么，1839 年英格兰银行的贴现率上升到 6%没有产生这种压低物价的影响，对此又作何解释呢？1839 年的整个夏天到秋天，都存在着一种焦虑不安甚至是恐慌的情绪，然而，这并没有对产品价格产生丝毫影响。股票经纪人和商人的报告通常在上年底和下年初公布；1840 年 1 月 1 日公布的一些报告惊奇地指出，虽然货币的价值（指利率）已上升了 50%，即从 4%上升到 6%，但产品市场却始终保持平稳。①

而且，在金融市场受到压力（指利率上升和保持高水平）的整个期间，企业并没有大规模倒闭；而从 1840 年初到 1842 年底，利率的逐渐下降（1842 年底降到了最低点），却伴随着大多数主要消费品价格的明显下跌（物价下跌最严重的时候，正是利率降至 1.5%这一最低点的时候）和大批企业的倒闭，其中许多是相当重要的商业公司和银行。1818 年至 1822 年底利率的下降，伴随着商品价格的更大下跌；还可以举出许许多多这样的事例。实际上，上面列举的事实明确无误地否定了这样一种理论，即低利率会直接抬高商品价格，或高价格会压低利率。这个理论非但不正确，而且和事实正相反。

1835—1836 年的物价上涨主要是特别巨大的需求造成的，这种需求则是由美国的投机热潮引起的，我国的商号以不受限制的信贷执迷于这种投机事业，又起了推波助澜的作用。由于先前信

① 见附录(C)。

用极度扩张，最终导致了信用的崩溃，这显然是不可避免的结果，对此无需作任何解释。

因而实际上，通货理论和金融市场理论（前一种理论把物价同银行券联系在一起，后一种理论把物价同利率联系在一起）都是错误的。

这两种理论完全不顾所有的事实和所有正确的推论，试图用它们所推测的银行券和利率的影响，来对物价发生巨大波动的现象作出解释。实际上物价的波动是信用的波动造成的，信用先是极度扩张，最终又必然收缩，收缩造成的损害依过度扩张的严重程度而定。同讨论其他问题相比，人们在讨论这一问题时为图方便，也许漫不经心地使用了含义最为模糊的词语，竟把信用状况的这种变化（即信用先是受过于乐观的看法的影响而过度扩张，随后又急剧收缩）称之为通货或流通的扩张或收缩。

的确，在辩论中，没有什么比使用这种含混的术语更为便利的事了。无论是抨击英格兰银行的管理、地方银行的管理或现行银行制度的管理（目的在于用另一种银行制度取而代之），还是为它们的管理辩护，若在这种意义上使用通货一词，都可以证明，它们的管理不善，正是公众有理由抱怨的所有那些祸害的元凶。

在搁下通货与物价的关系这一问题之前，我还要补充一点，那就是，同讨论这一问题时漫不经心地使用语言的情况一样，人们还常常不加区别地把价格一词用在商品和（包括股票在内的）证券上。现在应看得很清楚，低利率对这两种购买物所产生的影响，方向正好相反。低利率几乎是证券高价格的同义词；另一方面，正像我已经指出的，低利率却必然会降低生产成本，从而降低商品的价格。事实上，最近三年来的现象已经表明，一般说来，公债、股票和证券的价格在上升，而商品的价格则在下跌。

第十四章　发钞银行和非发钞银行之间的区别

由以上论述可知，无论是银行券的发行额，还是利率或贴现率（就利率迄今为止的变化程度而言），都不会对商品的价格产生直接影响；商品价格的波动（商品的性质所必然引起的那些波动除外），即使不是全部可归因于，也是大部分可归因于信用的扩张和收缩，而信用的这种扩张和收缩是受商人或投机者对市场前景过于乐观或过于悲观的看法影响的。

信用，最简单地说，就是信任，这种信任不管有没有充分的根据，都会使一个人以货币的形式或商品（其价值按事先约定的货币价值计算）的形式，把一定数量的资本托付给另一个人，并且无论在哪种情况下，都要在规定的到期日予以偿还。在以货币（不论是银行券、信用放款还是代理银行汇票）的形式贷放资本的情况下，必须在要偿还的数额之上加上使用资本应该支付的利息（按每百镑计算）。在以商品贷放资本的情况（商品的价值按约定的货币价值计算，实际上就是出售这些商品）下，所规定的偿还数额，包含有直至约定的偿还日为使用资本而必须支付的报酬和为贷放资本所冒的风险而必须支付的报酬。这类信用大部伴随有规定偿还日的书面契约。由于这种契约或期票到期后是可以转让的，因而如果放款人需要在他们持有的票据到期之前使用资本(无论是以货币的形式还是以商品的形式),他们大都通过背书转让票据来加强自己的信用,从而能以较低的条件借入资本或购入商品。我国批发商之间的大部分巨额交易,都是靠信用进行的,在大多数情况下,这种信用关系在开始时都是简单而直接的,然而随后就变得错综复杂了。

显而易见,商人之间(包括批发商、制造商和农场主)的信用,不管有时多么容易被滥用,都无法通过立法机关的干预来加以管理。但人们却指责我国目前的银行制度,说它即使没有引起,也大大加重了我国商业活动中时常发生的剧烈信用变动。在某种程度上,必须接受这种指责。毫无疑问,银行,无论是个人的还是合股的,如果管理不善的话,都可能促成信用过度扩张,诱发各种投机活动,如商品投机活动,进出口贸易中的投机活动,建筑业中的投机活动,或采矿业中的投机活动;而且这并非很罕见,在一些情况下,甚至非常严重,致使银行倒闭,而那些利用银行资产搞投机活动的人最终也没有捞到好处。这种情况虽然是不幸的,但却是十分真实的。

根据建立在通货理论基础之上的一般观点,此处提出的这种责难,即使不是完全针对着发钞银行,也是主要针对着发钞银行的。下院似乎完全被这种观点左右了。当它任命一个委员会调查银行问题时,竟把发钞银行定为该委员会的调查对象。因此,我现在提议探究的问题是,这种观点在什么程度上可以被认为是有根据的。

前面我已摘录了一些人于 1841 年就地方银行的作用问题向

发钞银行委员会提供的证词。我认为，根据这些证词中的观点是不可能否定下述结论的。这个结论是：在某一地区流通的银行券数量是严格地被该地区的需求所决定和限定的，因而增加该地区公众手中银行券的总量，不是某一家银行或多家银行或者全体银行力所能及的；除非用英格兰银行券或硬币取代地方银行券，否则，直接[①]减少地方银行券的数量，也不是某一家银行或多家银行或全体银行力所能及的。如果这一结论是正确的，如果这一结论像我所认为的那样依据的是不容置疑的事实和推理方法，那么，通货理论对发钞银行和非发钞银行所作的那种区分就是没有道理的。通货理论认为，发钞银行有能力影响和干扰流通数量，而非发钞银行则没有这种能力。

下面摘引的诺曼先生致C.伍德先生的信中的一段话，详尽阐述了他所想象的以下两种银行的区别。一种银行（相当于非发钞银行）在只流通金属货币的情况下有动机，也有能力提供贷款，从而影响物价；另一种银行则有能力创造（这是他选用的词）纸币，为自己的其他业务活动提供帮助。

> “十分明显，过度发行金属货币绝不会给任何人带来利益，因为硬币所能换得的商品数量，绝不会多于铸造硬币的金属

① 我使用“直接”这个词，是因为如果在一段时期内金融市场受到压力，银行都缩减贷款，那么紧接着就会出现疲软状态（正像安德森先生在其证词的第50页所说的），伴之以交易量的减少，结果便是银行券数量的减少。因而，另一方面，如果在一段时期年低利率以及信心的恢复和信用的扩张在起作用，那么随后交易活动的增加就可能使公众手中银行券的数量也增加。我之所以说“可能”，而不说“必然”，是因为1835年尽管信心大增，信用扩大，但流通银行券的数量非但没有增加，反而可能减少了。在上述两种情况下，银行券都是结果而不是原因。

所耗费的商品数量外加铸币税,因而如果取消铸币税,硬币在正常情况下就不会产生利润。银行券的情况则与此大不相同;它们可以产生十分可观的利润,因而保持尽可能大的流通数量,便是银行券发行者的利益所在。所以银行券是过度发行的一个危险根源。另一个危险根源是发行银行券的机构。在我国,英格兰和爱尔兰的银行,无论是合股的还是个人的,都不仅是货币的创造者,而且还是严格意义上的银行家、兑换商人,处于这种地位,它们受到强有力的引诱去利用它们作为发行人所拥有的特权,做有利于它们其它业务活动的事。当物价上涨时,或者当采取措施防止物价下跌时,银行家的主顾们通常会要求他提供更多的帮助,对此,他很难加以拒绝,与此同时,如果利率也上升,则利润增加的前景也会进一步诱使他增加放款,诱使他通过扩大发行额来增加其银行资金。因而物价上涨经常是在不利的兑换率状况之前,并常常伴随着同物价的下跌和利率的上升作斗争。这样,我们便能看到,在金银输出的最初阶段,银行券往往会增加,而在只流通金属货币的情况下,金银的输出必然伴随着流通额的减少,因为在这种情况下,所有输出的硬币都取自于流通领域。因而在像我国这样既流通金属货币又流通银行券的情况下,汇率不利时的事态正好与只流通硬币时的情况相反。汇率有利时,也是如此。而且,在只流通金属货币的情况下,输入的黄金会增加流通额,同时在目前这种状况下,物价会下跌,利率通常会较低,贷款会得到偿还,垫款会被付清,这样,纸币流通额将缩减。最近几年的经验提供了大量事实,证实了这一理论观点是正确的。”①

在所摘录的这段话中，凡带着重号的语句，我认为都有词义模糊、推理不正确的毛病。开头一句话中提出的那个命题是站不住脚的。毫无疑问，过度发行金属货币，有时会给那些仅仅从事金属货币交易的银行家带来利益，不论是真正的利益，还是想象的利益。假设一个银行家所收到的全部存款都是硬币，那么，在当前保存现金和应付储户支取要付出辛劳的情况下，他难道不会把他根据经验知道储户不会立即提取的那部分存款用于放款或贴现吗？难道不会把这当作自己的业务活动吗？那又怎么可以说在正常情况下发行金属货币不产生利润呢？又怎么能认为他不会过度发行金属货币呢？他不是正和发钞银行家一样，也受到主顾的纠缠，不好拒绝他们提出的借款或贴现要求吗？不是正和发钞银行家一样，也受到高利率的引诱吗？他难道不会受到引诱严重占用存款，以致有可能无法满足储户的提款要求吗？这难道不是过度发行金属货币吗？只流通金属货币情况下的银行家，究竟在哪些方面与现今伦敦的银行家有所不同？他不是货币的创造者，不能利用货币发行者的特权来帮助自己的其他业务活动，然而，伦敦的一些银行家却可悲地过度发行货币。

不过，这种理论认为，保持尽可能大的流通额，是银行券发行者的利益所在，假定是这样，但他们愿意并能够在任何给定的时间增加公众手中银行券的数量，从而“通过扩大发行额来增加其银行资金吗？”正如前面说过的，谁假定银行券的发行者有这样的能力，

① 并参阅 S. J. 劳埃德所著的《……考察》第 45 页及随后各页。

谁也就不知不觉地把发行可兑换的纸币和发行不可兑换的纸币混淆在了一起。就不可兑换的纸币而言，发行权可以达到使这种纸币完全丧失价值的限度；而就严格可兑换的纸币而言，发行权正像我们无可辩驳地证明的那样，则被限定在狭窄的、无法逾越的、完全不受外汇影响的范围之内。我承认（虽然是有条件地承认），事实上“物价上涨经常是在不利的兑换率状态之前，并常常伴随着同物价的下跌和利率的上升作斗争，同时，在金银输出的最初阶段，银行券往往会增加”。但我不仅不准备承认，“在只流通金属货币的情况下，金银的输出必然伴随着流通额的减少，因为在这种情况下，所有输出的硬币都取自于流通领域”；而且我毫不犹豫地认为：在只流通金属货币的情况下，在物价上涨的初始阶段，尽管开始输出金块，但硬币的流通额在有限的一段时间内却会增加。[①] 金块的这种输出不一定、也不可能“完全取自于流通领域中的硬币”；“在只流通金属货币的情况下”，汇率有利时“输入的金块”也不会比现在更多地增加流通额。我完全不相信：“最近几年的经验提供了大量事实，证实了上面摘录的理论观点是正确的。”我承认某些事实，但绝不承认所假设的那种差异，而诺曼先生的理论就建立在这种差异之上。

为了证实我在这点上的观点，我要借重一位很有成就的作家的权威地位，该作家既有进行哲学和科学表述的难得能力，又具有银行家的实际经验；我指的是那部很有价值的著作《论舆论……的

① 如果有人问增加的硬币来自何处，则回答是，它们来自银行家的储备；如果银行家不能满足储户的全部提款要求，他们就必须停止支付。

形成》的作者。他在题为《为合股银行和地方发行辩护》的小册子的第85页写道：

“如果地方银行犯有错误的话，那不是作为发钞银行犯有的错误，而是作为贴现和放款银行犯有的错误；后者与前者是完全不同的事情，立法机关与此毫无关系，就像立法机关与鲁莽的谷物和棉花投机活动，或盲目向中国和澳大利亚运送货物的活动毫无关系那样。

“这两件事情常常混淆起来，许多祸害被认为是发行的管理不善、不适当的和过度的扩张和收缩造成的，实际上却是不适当的贴现和放款造成的——无论在什么样的银行制度之下，都会发生这种情况，这种祸害只有依靠智力的进步才能消除。确实，在有关某一家发钞银行或多家发钞银行的重大问题上，能否作出明智的决策，在很大程度上取决于能否正确理解并记住这一区别。

“没有一个人会疯狂到要干预银行的借款和放款活动的地步，但说银行作为借款和放款机构对于社会的重要性远比其他机构大得多，却不为过；而且还可以说，只要它们的纸币是可兑换的，它们通过管理贷款所产生的影响就远比它们作为发钞银行具有的影响力广泛得多。因而无论对通货采取什么样的安排，银行制度带来福祸的主要根源都将继续存在下去。

“即使禁止地方银行发行纸币，只允许英格兰银行发行纸币，地方银行也仍然可以随意发放它们认为合适的贷款。除了那些完全由地方纸币造成的影响外，银行制度对地方商业活动的所有影响,不论是好的还是坏的,都将继续存在。管理得当的银行将像现在那样,仍对商业活动有很大的用处,而管理不善的银行,仍会对没有前途的企业进行过度的和不正当的预付,仍会随意购买有风险或没有价值的证券,从而给它们自己和社会造成很大的危害,正像掌握在拙劣的管理者手中的任何其他商业机构所做的那样。

"因此,为了就摆在我们面前的问题得出正确的结论,一定不要把借入资本和贷出资本带来的好处和害处同发行期票所产生的影响混淆起来。"

虽然他清楚地看到了地方银行的放款和贴现业务同发行业务的区别,但在谈到英格兰银行的管理时,他却似乎没有看到这种区别。他对照比较英格兰银行和地方银行的性质和地位时说(第62页):"前者要多发行一定数量的纸币,只需购买与那一数量相等的证券即可,而后者却无法直接扩大发行。"我相信,我已令人信服地证明,在这方面英格兰银行并不比地方银行更能直接扩大发行额。

主张发钞银行和非发钞银行在过度发行货币(正确地说是"过度预付资本")方面存在着差别的论点有许多,但我所见到的似乎站得住脚的唯一论点是,新发钞银行相互竞争,力图占有现有流通额的一部分,老发钞银行也相互竞争,力图增加自己的份额,减少邻近发钞银行的份额,于是,它们为了把自己的银行券发行出去,便往往在担保品不足的情况下过度放款。我认为,在某种程度上可以承认这就是事实;在这一程度内也许有充足的理由制定各种规章防止银行营私舞弊,特别是严格防止发钞银行营私舞弊。但是我所承认的这种程度的区别，并不影响通货原理问题。

根据通货原理，发钞银行可以在保证自由兑换的限度内，随意发行纸币即银行券，也就是说，可以超过其财力而向客户放款。非但情况不是这样，即，发钞银行利用了发行权来增加其财力，实际情况反而是，在所有臭名昭著的管理不善的实例中，发钞银行都是利用其财力即存款和股东或合伙人的资本，努力占有现有流通额的一个份额，而不是增加现有的流通额，因为那是不可能的。退一步说，过度放款的较为突出的例子，究竟能否归因于银行有能力增加流通额，是值得怀疑的。

"北部和中部银行"就是一管理不善的突出例子。该银行的债务据说超过 1 600 000 镑，然其发行额却少于 300 000 镑。因而可以作这样的推测：虽然该银行的放款无疑大大地过度了，但其发行额，即在市面上流通的该银行的银行券却不过度；即没有超过流通所需的数额；或换句话说，没有超过假如在那里仅仅流通英格兰银行券而可能流通的数额。支持这一推测的强有力的证据是，"北部和中部银行"的全部银行券，在丧失信用而被收回后，似乎被同等数额的英格兰银行券所取代了。1836 年 12 月 1 日，英格兰银行决定帮助"北部和中部银行"，作出的安排的一部分是取代后者发行的银行券。英格兰银行的发行状况为：

	1836 年 11 月 29 日	1837 年 1 月 3 日
伦敦	13 556 000 镑	13 023 000 镑
地方	3 733 000 镑	4 074 000 镑
	17 289 000 镑	17 097 000 镑

可以看出，英格兰银行的地方发行额正好是在该银行干预"北部和中部银行"时增加的，这无比有力地证明，肯定是英格兰银行

增发的银行券，取代了“北部和中部银行”被收回的银行券。

此外，根据这里提出的看法还有这样很重要的一点，那就是，通货理论的鼓吹者认为现有制度造成了一种反常现象，即：当英格兰银行缩减其发行额时，地方发行额有时却扩大(他们特别谈到了这里提到的那一时期)，从而削弱了英格兰银行调整汇率的努力；可是从上面所列的数字可以看出，实际情况是，英格兰银行的地方发行额(政府公报中未作这样的区分)增加了 340 000 镑，而伦敦的发行额却减少了 500 000 镑以上！

因此，不是北部和中部银行的(银行券)发行额过度了，而是该银行的放款额大大过度了。我毫不怀疑，如果进行调查的话，这必定是每一家破产的发钞银行的状况。如果一家银行的(银行券)发行额，不管多么小，证明超过了发行者见票即付的能力，那么只要根据这一标准，发现这些银行券无法履行赋予它们价值的发行条件，它们实际上就是过度发行的银行券。但只要它们仍给人以能够严格自由兑换的印象，继续享有信用(不管是多么不该享有)，继续流通，其数量就不可能是过度的。它们的质量也许很差(尽管未受到持有者的怀疑)，可它们的数量也许并未超过达到便利目的所需的数额，因为人们仅仅为了便利才需要纸币或通货。

在与非发钞银行相对比讨论发钞银行时，务必要记住联合股份银行和私人银行之间的一种区别，那就是，就我的记忆所及，尚没有一家大一点的联合股份银行倒闭而无力兑付其发行的银行券。

我的印象是，在大多数情况下(如果不说是在所有情况下的话)，公众手中联合股份银行的银行券都立即得到了兑付，无论如何最终都得到了清偿。联合股份银行最初只是拖延满足储户的提款要求，而损失则像所应当的那样，最终落在股东身上。就破产的私人发钞银行而言，情况与此大不相同，银行券持有者和储户所遭受的损失是相等的。但是，虽然私人发钞银行（也包括联合股份银行）在最近二三年间经常破产，令人不胜悲痛，可公众手中私人发钞银行券和联合股份银行券的总量，虽说不上微不足道，也是很有限的。它们的数量确实很有限，以致通货原理的鼓吹者根本不能以此为理由主张变革我国的纸币发行制度，即用一个发钞银行取代所有其他发钞银行。

我愿意承认，私人发钞银行的破产如果是由这里所谈到的原因引起的，即银行券持有者与储户一道挤兑，那么这种破产造成的危害要大于非发钞银行或联合股份发钞银行的破产所造成的危害。

但是，虽然我承认私人发钞银行由此造成的危害要大于非发钞银行或联合股份发钞银行造成的危害，可是现在这种危害的严重性却要比当年全国都流通 5 镑以下的地方银行券时小得多。5 镑以下的地方银行券现在仅在苏格兰和爱尔兰流通。暂停兑付面额为 1 英镑的地方银行券和暂停兑付面额为 5 英镑以上的地方银行券，这两者造成的困苦是有天壤之别的。在发行较小面额的银行券，即 1 镑银行券的地方，这种银行券在工人阶级中流通。因此，每当发行 1 镑银行券的银行破产时，损失总是沉重地落在那些领取工资的技术工人和处境较好的操作工人身上。我并未忽视发钞银行破产时这种银行券造成的危害，这可以从我 1826 年 1 月发表的一本名为《论通货的状况》的小册子中摘引的下面一段话中看出来。

“无论决定采取什么样的临时措施为地方银行发行的全部银行券提供额外的担保，我们都不能再以任何理由或任何条件容忍地方银行发行的一部分银行券了。我指的是5镑以下的银行券。无论从哪一种观点看，这种银行券都是最要不得的交换媒介。暂且不考虑这种通货的价值波动，当前迫切需要保护下层阶级，使他们免遭由于持有小面额银行券而在发行这种银行券的银行破产时经常遭受的那种损失。说下层阶级有权拒绝接受地方银行券，这等于什么也没说，因为实际上在大多数情况下，他们没有、也不可能有这种选择权。如果说赋予各国政府铸造货币的特权有一最为重要的目的，那么这个目的就是保护下层阶层，使他们在接受规定的工资和其他支付时免遭损失，在这方面，他们几乎无力保护自己。也就是说，发行硬币的国家要履行这样的职能，即向每一社会成员证明货币的重量和成色，当一个人有权得到货币时，向他提供正当的保护，以最严厉的惩罚保证他的私人利益不受侵害。但与此完全矛盾的是，政府如此小心地竭力使社会免遭不足值金属货币的损害，却听任每一个想从事银行家职业的冒险家发行伪造的纸币，这种纸币既没有内在的价值，对最终的兑换也没有任何充分的担保，在很多情况下简直就是欺诈，遭受欺诈的往往是人数最多而又孤弱无援的阶级以及那些最不堪承受损失的人。”——《论通货的状况》，1826年，第127、128页。

写这些话的时候，在英格兰和爱尔兰流通的1英镑银行券的数额，估计超过5 000 000镑。因此，当时大批发钞银行破产，停止兑付银行券，造成了巨大危害，这充分证明政府和立法机关对此进行干预是正当的，或更为确切地说，这要求政府和立法机关进行干预，以挽救局面，禁止发行这种招人讨厌的银行券，最为有效地做到这一点。目前，由英格兰和威尔士的私人银行发行的5镑和5镑以上的银行券，其流通总额几乎没有超过1826年以前1镑银行券的单独流通额。私人地方银行券的持有者，现在持有的是5镑和5镑以上面额的银行券，发钞银行的破产偶尔也会使他们受到损失，无论这是多么令人遗憾，也很难坚持认为，他们的情况是那么重要，他们同储户以及由于银行破产而遭受损失的其他受害者的区别是那么明显，以至为了保护他们，就有理由改变联合王国的整个发行制度。

但是，无论联合股份发钞银行与私人发钞银行相比，在其他方面可能具有什么优点，一个最大的优点似乎是，联合股份银行发行的纸币要安全可靠得多，因而若想用前者发行的纸币取代后者发行的纸币，则最少给公众带来不便而又不损害现存利益的方式，便是不向尚未拥有发行特权的私人银行授予发钞权。由此，联合股份银行和英格兰银行的各分支机构发行的纸币将逐渐取代私人银行发行的纸币，这样，就消除了当前发行制度中带来麻烦的一个根源。

上面，我相当详尽地讨论了私人银行券的不安全性，因为人们一直利用这一点主张只允许一个银行发行纸币。根据已经说明的理由，我认为这一点对于那种主张来说毫无重要意义可言。

因此，接下来我将进一步根据我所想到的，讨论把通货原理应用于我国银行制度的问题，而暂不考虑私人发钞银行很容易破产的问题，让那些认为这一点很重要的人去单独讨论这一问题。

第十五章　评把通货原理应用于我国的银行制度

如果承认上述观点是正确的，那么作为这些观点的合理推论，就肯定会看出，通货理论的整个基础是不牢固的。通货理论认为，如果通货完全是金属货币，则每次输出或输入多少金块，也就会如数减少或增加多少流通货币数量，这种看法显而易见是错误的，而人们竟一直抱有这种看法，真叫人惊诧莫名。由此我们必然会得出结论说，以下看法也同样是错误的，这种看法认为，如果在通货学说提议的基础上管理纸币，即如果只允许一家银行发行纸币，如果以担保品作抵押只发行固定数量的纸币，如果超过这一数量，便可以用黄金兑换纸币，或用纸币兑换黄金，那么，公众手中纸币的数量和价值，便会随着输出或输入金块数量的变化或银行金库中金块数量的变化而变化。

我不想歪曲通货学说；但从该学说拥护者的著作中和发钞银行委员会的调查中，可以列举出无数例子，说明它正是持有我们所说的那种看法；通货理论的拥护者提出了一些计算表，借以显示英格兰银行拥有的金块数量和它发行的银行券数量不一致，以此有时指责地方银行管理不善，有时指责英格兰银行管理不善。导致他们犯错误的一个原因是，他们想象，在他们所设想的只有一个银行发行纸币的情况下，为输出的黄金所支付的银行券必然取自在公众

当中流通的银行券，而输入的黄金将被拿到英格兰银行兑换银行券，这些银行券将落入公众手中；他们认为，现在情况不是这样，是现行制度的耻辱。然而，假如我已把事情说明白了，人们肯定看得很清楚，在只有一家发钞银行的条件下，无论就哪种情况而言，都不一定或一般不会出现那种情形，或者更确切地说，很少会出现那种情形；除了在特别情况下，在一种制度之下和在另一种制度之下一样，公众手中银行券的数量即使不是完全相同，也几乎是相同的。

人们可能要问（在那些认为银行券是通过其数量起作用的人和那些不清楚通货和资本之间区别的人看来，问这个问题是极其自然的），英格兰银行或全体地方银行，如果不能缩减发行额（正如我坚持认为的，它们不能通过任何直接的运作来缩减发行额），也不能通过缩减发行额影响商品价格，那怎么能认为它们能影响汇率呢？回答是，它们只有通过对自己拥有的证券采取强制性行动，才能影响汇率，从而制止金块外流或阻止过度的流入。对证券采取强制性行动，一方面意味着利率的大幅度上升，另一方面则意味着利率的大幅度下跌。对利率作如此运作的理由是，这在前一种情况下会使可支配资本短缺，在后一种情况下会使可支配资本充裕；在前一种情况中，它迫使资本从国外流入，在后一种情况下，则迫使资本流向国外。用这种方法吸收或排出金块是可靠的；实践中唯一的问题是道义上的、商业上的或政治上的考虑，它们可能会妨碍这种权力的充分运用。

正如我已说明的，英格兰银行无论从哪一方向对其证券采取强制性行动，都不一定会对商品价格产生立即和直接的影响。即使能产生什么影响的话，这种影响也只能是通过信贷所产生的间

接影响，并且还依赖于以前市场的状况。

前面我谈到对地方银行家的调查时，曾提到发钞银行委员会的一些成员在提问时把通货和资本混淆在了一起。之所以会把这两者混淆在一起，是因为他们似乎一直抱有这样一种根深蒂固的观念，认为公众手中银行券的数量是应当关注的焦点，认为它对物价和信用以及贸易具有直接而重要的影响，而不是像实际应该认为的那样——把公众手中银行券的数量仅仅视为各方面情况造成的结果，或各方面情况的显示，正是各方面的情况召唤出并维持了公众手中银行券的数量。由于固执地信奉通货学说，而通货学说把银行券且仅仅把银行券视为我国货币制度中的原动力，因而发钞银行委员会几乎未探究利率变化的原因和结果，同时那些进行调查的主要成员又对这一问题抱有叫人不可思议的错误看法。他们似乎自始至终都认为，利率的变化只有在影响流通数量时才具有重要意义。

实际上，在决定究竟是作某种修改而继续实行现在的制度，还是改而实行只允许一家政府和国家银行发行纸币的制度时，从重要性上说，利率的或大或小的可变性是仅次于纸币的可兑换性而应该加以考虑的因素。博赞基特先生在前面提及的那部著作中，过分夸大了利率的大幅度上升（他似乎把这看作是通货价值的变化）对国家商业活动的灾难性影响，以致在他提出的只允许一家银行或多家银行发行纸币的计划中，他根据与汇率相关联的某些规则，规定了强制性的最高和最低利率，最高利率为 6%，最低利率为 4%；为制止英格兰银行的金块外流，他不愿政府操作利率，而宁愿先暂时发行面额为 1 镑的银行券，如果这不足以制止金块外

流,就暂停兑换纸币!任何一个不属于伯明翰学派而又见闻广博的人,怎么会认真地提议暂停支付现金,而不提议提高利率,使商业界遭受某种不便,他认为提高利率会使物价下跌,这真叫我感到惊诧莫名。他的这种看法可当作一个证据,表明某些人往往夸大操作利率所产生的影响,这与发钞银行委员会和鼓吹建立政府或国家发钞银行的人几乎不注意这个问题形成了鲜明对照。

我不像博赞基特先生和吉尔巴特先生以及反对通货原理的其他人那样,夸大利率大幅度变化产生的影响,但我倾向于认为,除了纸币的可兑换性和银行的偿付能力(这两项是在并且应该在立法机关的最细心的保护范围之内)外,一种银行制度和另一种银行制度之间的主要区别在于,利率或大或小的突然变化的倾向,在于一种银行制度下不同于另一种银行制度下的商业信用状况;仔细思考一下为贯彻通货原理而向公众提交的各种计划,便可证实我以前发表过的那种观点,即:若把发行职能和银行业务职能完全分离开来,则转变将比在现有制度下来得更加突然和剧烈,除非(在我看来,这是问题的关键)存款和银行业务部持有的储备金比我所见到的任何计划提出的数额都多得多。

让我从一封已经发表的信件中摘录以下几段话,这几段话再鲜明不过地表明了两种银行制度之间的区别。此信是托伦斯上校寄给我的,讨论了我在以前的一本著作中就这个问题发表的看法。

托伦斯上校说:“我们之间的分歧是,你认为,把银行的业务分为两个性质不同的部门,将会制止发行部门的过度交易,但不能制止存款部门的过度交易;而我却认为,这种拟议中的分离将同时制止两个部门的过度交易。下面的例子可以说明何以会产生这种双重作用。

让我们假定，银行持有18 000 000镑的证券和9 000 000镑的金块，以抵付18 000 000镑已公开发行的银行券和9 000 000镑的存款，假设出现了逆汇兑，致使储户要求以金块的形式提取存款，其数量达到了3 000 000镑。

在这种情况下，如果发行业务同存款业务混在一起的话，以金块的形式提取3 000 000镑的存款，除了减少3 000 000镑的存款和金块外，没有任何其它的作用，而银行券和证券的数量，以及证券到期时银行继续以从前的规模从事贴现业务的能力，不会减少和降低。但是假定发行部门和存款部门完全分开，那结果就完全不同了。

一旦这两个部门分离开来，持有9 000 000镑存款和9 000 000镑证券的存款部门将不得不出售一部分证券，比如说三分之一，以应付储户的提款要求。那么，两部门的状况就会是这样：

发行部门

银行券发行额	———	18 000 000镑
证券	———	9 000 000镑
金块	———	9 000 000镑

存款部门

存款	———	9 000 000镑
证券	———	6 000 000镑
银行券储备	———	3 000 000镑

在这种状况下，储户要求提取价值3 000 000镑的黄金将

引起下述变化。存款部门持有的作为储备金的 3 000 000 镑银行券，将被储户提走，用来向发行部门兑换黄金，而存款部门的经理为了弥补相当于其三分之一存款的储备，将不得不出售持有的 6 000 000 镑证券中的 2 000 000 镑。结果是，发行部门的金块从 9 000 000 镑减少到 6 000 000 镑，发行额从 18 000 000 镑减少到 15 000 000 镑，存款部门的存款从 9 000 000镑减少到 6 000 000 镑，证券从 6 000 000 镑减少到 4 000 000镑，储备从 3 000 000 镑减少到 2 000 000 镑。不言而喻，这种变化不仅会减少银行券发行额，而且还会限制银行在贴现和放款方面进行过度交易的能力。”

我愿意承认，这种说法基本上道出了我们两人之间的分歧。在我看来，由于国际支付会发生变化，换句话说，贸易差额会发生变化，而有关国家的通货价值不会发生变化，因而可以作出这样的推测，在偶然流出 4 000 000、5 000 000 或 6 000 000 镑金块之后，过不了多久，完全相等数额的金块会流回来。这正是 1828—1829 年和 1831—1832 年间的情况，当时英格兰银行的金块减少了 5 000 000或 6 000 000 镑，但该银行丝毫未变动其证券的数量或利率，减少的数额就得到了补充。若继续施行目前的制度，若英格兰银行经常持有大量的储备，这种流出和流入就可能再次发生，而对货币市场没有任何干扰，对公众手中银行券的数量也不会有任何影响。但是，如果把发行部门和存款部门分离开来，如果这两个部门处于托伦斯上校所假设的情况，那么输出 3 000 000 镑的黄金会产生什么结果呢？对黄金的这种需求十之八九会完全落在存款部门头上。

在这种情况下，存款部门的经理们便不能有片刻的犹豫，一旦出现提取黄金的要求，就得立即采取措施保持或恢复储备。他们必然出售证券，或听凭现有的短期证券流出，无情地拒绝所有要求贷款和贴现的申请。正像托伦斯上校所说的，这将限制银行在贴现和贷款方面进行过度交易的能力。这实际上会最有效地限制银行的能力，而且在某些情况下，会对信用状况产生强烈的影响，在我看来，托伦斯上校对此没有足够的认识。就一个实际上并不精通贸易和银行业的作家来说，这是不足为奇的；但另一些赞成分离方案的人；却是正经八百的商人和银行家，竟也没有觉察到这一点，倒确实使我吃惊。在从公众之间流通的数量中强制抽取2 000 000或3 000 000镑的银行券之前，对伦敦银行家们储备的压力必然是十分强大的。当然，他们会尽可能地收回贷款，并坚决拒绝进一步放款。①

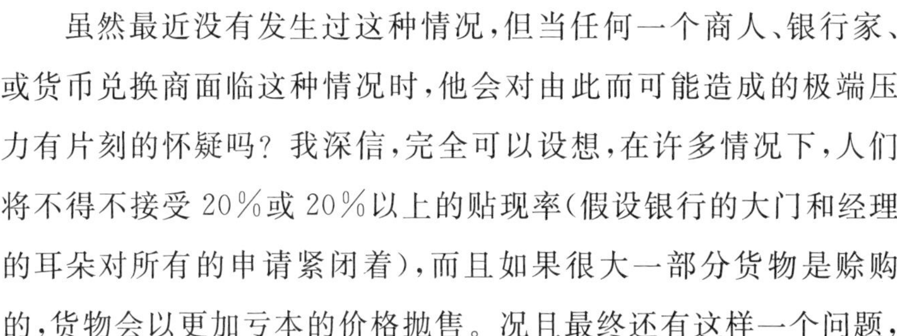

虽然最近没有发生过这种情况，但当任何一个商人、银行家、或货币兑换商面临这种情况时，他会对由此而可能造成的极端压力有片刻的怀疑吗？我深信，完全可以设想，在许多情况下，人们将不得不接受20％或20％以上的贴现率(假设银行的大门和经理的耳朵对所有的申请紧闭着)，而且如果很大一部分货物是赊购的，货物会以更加亏本的价格抛售。况且最终还有这样一个问题，

① 令人遗憾的是，发钞银行委员会1840年花费大量时间讨论叫人争论不休的定义问题，用含义模糊不清的术语把他们自己和证人搞得晕头转向但却没有对伦敦西区的银行家和货币兑换商进行调查。其实不泄露这些银行家和货币兑换商的具体交易，只稍许了解一点他们的业务，便可以使人明白，银行券用在哪些方面，英格兰银行究竟有多大的能力直接影响流通数量。

即英格兰银行出售其证券能否有效而及时地恢复其储备以应付紧急需求。这完全取决于存款的性质。如果存款是严格见票即付的，同时导致证券外流的情况很紧急，那么伴随着强制出售证券的3 000 000镑的支付可能不能及时制止提款要求；在这种情况下，虽然发行部门仍然持有6 000 000镑的金块，但存款部门除了停止支付外别无其他选择。这是一种极其荒唐而灾难性的局面。但这太荒唐，后果太不堪设想了，以致人们不会听凭这种局面发展下去。即将发生这样的危机（公债利息到期的时候，最有可能发生这种危机）时，人们会紧急要求政府干预以制止这种荒唐然而又可悲的灾难。能够应付这种紧急情况的唯一干预，就是允许硬币从发行部门暂时转移到营业部门。

事实是，单纯的存款银行不能承担政府职责，因为不管存款银行有其他什么业务活动，它的储备只有3 000 000镑，而政府的职责却涉及50 000 000镑的岁入和支出，有时收入不足，有时又收入过多。很难想象它在没有发行部门的支持下，怎么能提供所需要的巨大数额。但这个问题同本书论题无关。我要指出的只是，假设英格兰大量出售其证券是有效的，则毫无疑问，这会给公众带来很大的不便。所有这些不便也许完全是不必要的，是为通货原理所作的牺牲；因为对黄金的极大限度的需求，可以通过输出3 000 000镑或4 000 000镑黄金来满足，在发行部门和银行业务部门结合在一起的制度下，便可以做到这一点，譬如1828—1829年以及1831—1832年的情况就是如此，没有给公众造成丝毫不便。

但人们可能会提出以下关键性问题，即假设对金块输出的需求很大，不是仅需要输出3 000 000镑或4 000 000镑，而是需要输出 9 000 000 镑或 10 000 000 镑才能满足这种需求,那么,不采取行动会带来什么结果?我的回答是,若黄金开始外流时英格兰银行的黄金储备不超过 9 000 000 镑,我就不对不采取行动的方案负责。1839 年英格兰银行的黄金从 9 336 000 镑减少到5 119 000 镑,直到此时,该银行仍不采取任何行动,那是错误的。当时所作的唯一努力是把利率逐步提高到了 6%。①

这种努力是根本不够的;每年提高 2%的贴现率,对于最高期限为 60 天的票据来说,是微不足道的,因此,英格兰银行采用这些方法不仅没有能减少其证券,反而实际上增加了其证券,只要贴现的大门是敞开的,就不可避免地会发生这种情况。因此,由于进行亏绌垫款,证券非但没有减少,反而在外流压力最大期间实际上增加了 3 000 000 镑或 4 000 000 镑。但借助于巴黎的贷款,还是阻止了黄金的外流;虽然采取最后这一着很不光彩,可却克服了危机,因而现行制度仍是有功的,它几乎没有带来商业上或金融上的痛苦和不便,就摆脱了险境。产品市场完全未受扰动,没有一家大商店、大工厂或大银行倒闭,公债价格也没有大幅度下跌;所以,造成的真正不便实际上不值一提。以上述方式在不遭受痛苦或严重不便的情况下阻止黄金外流,正像包括我在内的一些人所认为的,是以巨大代价换来的,但仅此而已。

然而,倘若 1839 年发行部门和存款部门处于分离状态,情况又会是怎样呢?

① 虽然 1839 年 10 月以后英格兰银行的黄金外流停止了,但此后几个月却未出现回流的趋势。结果,1840 年 10 月 15 日英格兰银行的董事们很正确地宣布,把票据期限从 95 天改为 65 天。1841 年 1 月 3 日取消了这一规定。

考虑到1839年1月英格兰银行的实际状况，并假定发行职能与存款职能相分离，把12 000 000镑的证券（不是9 000 000镑，这一数量显然太少了）分配给发行部门，则这两个部门的情况有如下述：①

发行部

		证券	金块
公众手中的银行券	18 201 000英镑		
银行营业部	3 135 000		
	21 336 000	12 000 000②	9 336 000

银行营业部

		证券	银行券
存款	10 315 000英镑		
其它	2 500 000	9 680 000	3 135 000

一旦出现对黄金的需求（银行营业部的储户很自然地会要求兑换黄金，而且事实上他们也兑换了黄金，一至三月对黄金的需求

① 这是彭宁顿先生在寄交给我的一篇论文中所设想的1839年1月英格兰银行的状况，这篇论文载于拙作《物价史》第3卷第279页至283页，此后，又转载于1840年出版的《彭宁顿致柯克曼·芬利先生的信》第97页。由于我认为彭宁顿先生深刻而准确地了解通货原理和通货的运转情况，而且关于发行部和银行营业部分离开来之后会产生的结果，我的看法同他在这里提到的论文中发表的看法不谋而合，所以我又转载于此，读者可参阅附录(D)，附有他对托伦斯上校写给我的信所作的评论。

② 第2版注：5月6日提交给议会的法案所建议的证券数量被确定为14 000 000镑，因此，正文中的推理在考虑到这2 000 000镑的差额，不过推理所得的结论并不会由此而受到严重影响。

超过了 1 000 000 镑)，董事们很自然地就会觉得有理由出售或允许同样数量的证券流出。如果他们同时不予受理亏绌垫款的贴现和预付，他们的债务将减少同样的数量。银行券将被从银行营业部提取出来拿到发行部门兑换黄金，而公众手中流通的数量没有任何变化。可以想象，这一过程会持续到余留的银行券全都从银行营业部转移到发行部为止，而对公众手中流通的数量不会产生丝毫影响。

然而，把证券强制减少到所设想到的程度，无疑会减轻黄金外流的压力，而且可能会制止黄金的外流；但是，由于造成外流的情况错综复杂，这里所假设的这种措施是否足以制止这种外流是颇为值得怀疑的。我确信，这种措施即便可以施行，也不足以制止黄金外流；而且我怀疑这种措施是否可行。尽管董事们在充分意识到采取预防措施的重要性时作出了种种努力，尽管贴现率上升并重新规定了票据期限，但证券不仅没有像我推测在分离制度下那样减少 3 000 000 镑，实际上反而增加了 3 000 000 镑，这部分是由于进行亏绌垫款造成的。这样，由于一方面可自由支配的资本缩减了 3 000 000 镑，另一方面又实际预付了 3 000 000 镑，便会出现 6 000 000 镑的差额。公众手中可利用资本数量的这种突然减少，必然会给公众造成严重的不便。正如市场上信贷大量增加那样，这肯定会扰乱信用状况。

但尽管造成了巨大不便，却应该加以忍受，英格兰银行则不能不履约。

我希望这种看法给人的印象是，发行部与银行营业部分离之后，银行营业部将没有时间判断黄金外流的性质和可能的程度，但必须一出现外流的苗头就采取强有力的措施进行自我保护。因而,若银行营业部只拥有少量储备,即只拥有迄今人们认为必须分配给它的那些银行券和硬币,则变化将是,在像1839年那样的情况下(以及像在1835年和1836年那样的情况下),所采取的制止黄金外流的措施,不管多么迅速和有力,都不可能及时有效地制止银行营业部的暂停支付;而在两个部门联合在一起的制度下,却可以赢得时间,可以从发行部门得到黄金来支持存款部门,由此可能会大大减轻黄金外流的压力,并最终克服这种压力,而不会给公众造成什么不便。

但人们会再次提出这样的问题,即究竟有多大把握最终将消除压力并维持纸币的自由兑换?

关于这个问题,我只需提及我以前发表过的观点,这些观点已被包含在发钞银行委员会报告中的大量资料、论述通货问题的各种小册子中,尤其是被最近的经验所进一步证实和加强。

在1838年春天出版的一本著作中,[①]我曾指出:"若最近14年即1824年以来事变频仍的经验可以作为判断的标准,则似乎有充分理由认为,鉴于人们经常向英格兰银行突然提出提款要求,所以应该把不少于10 000 000镑的数目视为该银行的安全储备。"两年后,即1840年2月,根据这点我冒昧地提出了下列计划。在我看来,实施该计划,可以很好地管理纸币的发行,给公众带来极大的便利,而又丝毫不会威胁纸币的自由兑换。

"我提出的计划是,当贵金属的流入趋势再次达到最高点时,

① 《物价史》,第2卷,第330页。

英格兰银行的贴现率应稳定地保持在高于市场利率的水平上，以此逐渐减少证券，而不通过其它投资增加证券。这样做的结果将确保英格兰银行的储备重新达到 10 000 000 镑的数目。一般地讲，为了保持那一数目，英格兰银行采取任何主动的措施增加其证券是不妥当的。根据贵金属以前流入趋势的强度来判断，英格兰银行的储备数额达到 15 000 000 镑，这并非没有可能，但根据以往的经验，储备数额是不可能超过 15 000 000 镑的。结果可能是，随着我国贸易的波动，特别是谷物贸易的波动，汇兑将向相反的方向变化；金块将流出，市场利率将上升到英格兰银行利率的水平，于是便会感受到大规模储备金块的好处，因为在 5 000 000 镑的限度内，可听任国际汇兑或者国内需求对金块的储备产生影响，英格兰银行无需采取任何积极的措施提高其贴现率或出售公债去抑制那种需求。在这种情况下，实际流通的货币数量不会减少，即便减少，减少的数量相对于金块数量的减少而言也很小，因为提取存款会对货币市场造成轻微的压力，使市场贴现率上升到英格兰银行贴现率的水平，从而又使一定数量的英格兰银行券返回流通领域，返回的数量几乎与当初因提取金块而退出流通领域的银行券数量一样多。在我国的通货价值相对于其他国家的通货价值发生变化的大多数情况中，不管这种变化是起源于我们还是起源于其他国家，国际收支差额很可能要由输出相应数量的金块来清偿。然而，如果英格兰银行的储备在减少到 10 000 000 镑以后还继续外流，便有理由认为存在着更广泛和更为深刻的原因引致了对贵金属的需求，就会采取措施加以抑制，这些措施一方面不会在金融市场造成恐慌和混乱，另一方面也不会使英格兰银行的储备减少到过分

危险的程度。

在15 000 000镑和5 000 000镑之间变化，要比最近在10 000 000镑和零之间变化，能更大地免除金融市场的震动。

英格兰银行通过调整其证券，一般说来可以保持高水平的金块数量，例如维持此处所说的足足10 000 000镑的水平，对于这一点，不容有丝毫的怀疑。而且我认为，这样的调节甚至比维持证券数量不变或维持金块与债务的比例不变更加容易和更加切实可行。同采取后两种方法相比，金融市场反而更不容易受干扰。英格兰银行或许有机会改变贴现率的最大幅度将不会超过1%；甚至作这么小的变动，机会也很少。这样的制度，限制性较少，也就是说，在这样调节金块的制度下，亦即在像当前英格兰银行把发行部门和存款部门合在一起的制度下，要比把这两个部门完全分离开来，限制性会少一些。”①

写出此处援引的这段文章，已过去了四年时间，但我并未感到要对这个建议作任何修改。英格兰银行的储备已达到了我所设想的最高限额；这将使旨在维持高额储备的所有调节计划更加切实可行。反对维持10 000 000镑巨额储备的主要理由是，这种储备不产生收益，反而会减少英格兰银行的利润；虽说这是实情，可英格兰银行的地位却会更加巩固；况且这一储备数额并不比任何稳健的银行家在看到英格兰银行负有数额如此巨大而又变化不定的债务后认为它应该持有的数额大。

除了这一自然很有分量的反对意见外，在《物价史》第198页

① 《物价史》，第3卷，第187页。

上，我还借机谈到了另外一种反对意见。这种反对意见虽然在我看来实际上毫无分量，但表面上却似乎很有道理，也很流行，所以这里值得重复一下我当时发表的意见。

“针对这里提出的储备巨额金块的计划，人们会提出另一些反对意见，其中之一依据的是这样的推测：吸引额外的数额必然会导致和伴随着不应有的过度通货收缩，其结果是物价过大幅度地下跌。

这是一种为公众着想的意见，与基于利润方面的考虑反对巨额储备的意见不谋而合。1938 年春，英格兰银行的董事们试图阻止金块的流入和摆脱他们似乎认为过多的金块时，这种意见可能对他们产生了很大影响。关于当时金块的流入，诺曼先生在前面提及的那本小册子中说道：

> 人们很可能会发现，英格兰银行的金块储备在去年春天的最低数额和下一个兑换期开始前的最高数额之间，从 7 000 000镑增加到了 8 000 000 镑。金块的这种流入是很不自然的，在只流通金属货币的条件下绝不会发生这种情况。其结果，不论同这种错误相比是较大还是较小，都首先是伴随着物价过大幅度地、过长时间地下跌，最后伴随着一种反作用，导致金块再次错误地过多流入。（第 91 页）

为什么在只流通金属货币的情况下金块绝不会这样流入，或为什么应把这看作是不自然的，叫人实在搞不懂。在我国的对外贸易急剧扩大，其中出口通常大都借助于长期信用，进口大都借助于短期信用的情况下，在我国当前限制谷物贸易的情况下，一方面会突然作巨额国外支付，要求在过量出口的商品带来收益之前输出大量金块；另一方面，当对谷物和包括外国证券在内的其他进口商品的需求停止或减少时，以前过量出口的商品却会带来收益，在这种情况下，因为缺少其他手段，金块必然成为这种收益的很大一部分，这就是 1815—1816 年以及 1820—1822 年的情况，也是 1826 和 1838 年初金块流入的情况（不考虑谷物贸易）。如果各港口在今后两三年中禁止谷物进口，与此同时，由于有益的怀疑或其它原因，对国外证券的需求减少，那很可能会出现流入贵金属的强大趋势。[①] 叫人不好理解的是，为什么在只流通金属货币的情况下不会出现同样强大的流入贵金属的趋势。毫无疑问，英格兰银行可以像在 1836 和 1838 年那样，通过其存款的投资，创造对国外证券的新需求，以阻止金块的流入；但如果存款部门的职能同发行部门的职能相分离，存款部门也可能会这样做。

然而有人却把所谓不自然的物价下跌，归因于流通数额的缩减，认为流通数额的缩减导致了我提及的贵金属的流入。这种假说依据的是通货价格理论。这种理论认为，流通数额的缩减，在这里提及的那种情况下，会使物价下跌，物价的下跌又会导致贵金属的流入；实际上，流通数额的缩减，或更确切地说，流通数额的减少，在这种情况下是物价下跌的结果，而物价下跌则是由受贸易状况以及一方面影响供给和生产成本另一方面又影响消费的独特环境造成的。至于贵金属价值的增加，可以被认为是永久保持额外

① 由于这些原因，贵金属流入的趋势一直非常强烈，以致英格兰银行拥有的金块数量超过了我所认为的最高合理数额，现在已达到 16 000 000 镑。但有理由认为，这个数额中有大约 1 000 000 镑可能是退出流通领域、用银行券替代下来的不足值金币。

的 5 000 000 镑作为英格兰银行储备的结果，但根据公认的计算标准，它在流通数额中所占的百分比极小，以致不会产生任何可以感觉到的影响，因而完全可以忽略不计。”

这里提出来供人考虑的上述看法，导致了这样一个结论：银行业务同发行业务的结合，在由管理良好的银行指导时，同把它们分离开来相比，很可能会给公众带来多得多的便利。

我认为，诺曼先生和劳埃德先生非常明智，没有提出什么具体计划来付诸实施其把银行业务同发行业务分离开来的看法。另一些鼓吹相同看法的作家则没有这么慎重；他们提出了许多建立一个单一发行机构的计划，而且大都主张由一政府银行履行此项职能。本文不拟详细考察其中任何一个计划；但我不得不指出，就我注意到的那些计划而言，大多是粗制滥造和毫无条理的，而其中的一些又是那样的异想天开，以致使人感到近乎滑稽可笑。我认为，这些计划无一不大大夸大了所设想的好处，而大大低估了伴随着如此巨大的变化给人们带来的不便。在所有这些计划中，那些主张分离的论点都完全误解了所要取代的现行体制的机制和实际运行情况。

结　论

这样，我所力图确立的结论就是：

1. 如果在像我国这样的国家只流通金属通货，则我国与其他国家之间有时可能会转移大量贵金属（至少达到 5 000 000 镑或 6 000 000镑），但这不会影响转移出或转移进贵金属国家的通货的数量和价值，同时这也不是总物价变化的原因和结果。

2. 因此，下述学说实质上就是不正确的，没有根据的。这种学说认为，在只流通金属货币的情况下，金块的每次输出或输入都必定会引起流通货币数量的相应减少或增加，从而导致总物价的下跌或上涨。

3. 通货理论对银行券和其他形式的信用券所作的区分，并不是建立在本质的区别之上，只适用于最低面额的银行券，这种银行券才是在商人和消费者之间的交易活动中，即在零售业和工资的支付中所需要的。

4. 如果没有印花税的干扰，在商人之间的买卖交易中，汇票可能广泛替代 10 镑和 10 镑以上的银行券。事实上，商人一直在广泛使用汇票，直到对小额汇票课征过重的税为止。

5. 在大多数方面，支票像银行券一样方便，行使着货币的职能，在许多方面，甚至比银行券更为便利。

6. 较大面额的银行券使用在一些特定方面，主要是在清算中，例如在票据交换所，在地产和不动产的出售中使用英格兰银行券结算；在粮食市场和家畜市场上，使用地方银行券结算；在这些方面，如果禁止使用银行券，则可以很容易地用汇票取而代之；至于银行间的清算，则可以用国库券以及最近称为经济手段的方法来进行。

7. 公众手中银行券的数量取决于一些用途所需的银行券的数量。这些用途是，使资本流转以及在社会不同阶层之间分配以黄金计算的收入。

8. 包括英格兰银行在内的发钞银行无法在其各自的地区内直接增加流通银行券的数量，不管它们多么有意这样做。发钞银行竞相抛出其银行券时，在一个大地区内某家发钞银行或某几家发钞银行的发行额可能扩大，但只有通过取代其他银行的银行券才能做到这一点。

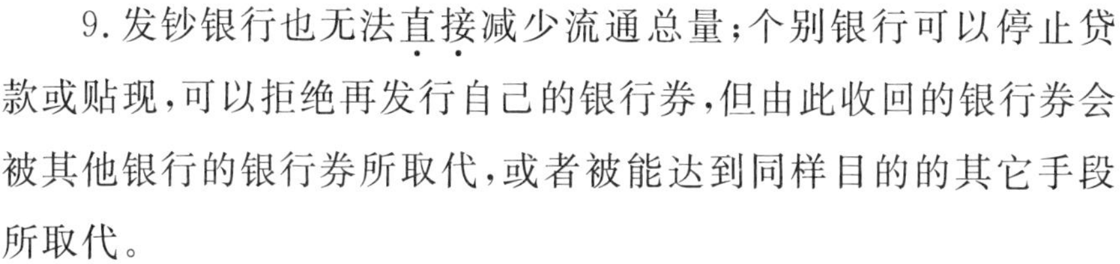

9. 发钞银行也无法直接减少流通总量；个别银行可以停止贷款或贴现，可以拒绝再发行自己的银行券，但由此收回的银行券会被其他银行的银行券所取代，或者被能达到同样目的的其它手段所取代。

10. 因此，若认为地方银行非常了解国际汇兑的状况，有意于按照国际汇兑的状况行事，能够依照所了解的情况管理其发行额，那就错了。同样，认为英格兰银行能通过控制发行额直接影响汇兑，也是错误的。

11. 地方银行和英格兰银行都没有能力扩大其纸币即银行券的发行额，以补充银行财力。当流通已经处于饱和状态时，发钞银行只能像非发钞银行那样，用自己的资本或储户的资本，通过放贷或贴现进行各种预付。

12. 商品的价格不取决于由银行券的数量所表示的货币数量，也不取决于全部流通媒介的数量；与此相反，流通媒介的数量是物价的结果。

13. 决定货币价格总水平的，仅仅是这样一种货币数量，该货币数量构成了不同阶层人民的各种收入，这些收入的名称是地租、利润、薪金和工资，它们均用于经常开支。只有这种货币价格可以正当地称为总物价。既然生产成本是决定供给的因素，用于消费支出的货币收入总额也就是决定和限制需求的因素。

14. 利率的降低没有提高商品价格的必然趋势。相反，利率的降低是生产成本降低的原因，因而也是价格低廉的原因。①

15. 英格兰银行只有通过影响利率和信用状况，才能对国际汇

① 因为涉及后面紧接着的一种自相矛盾的情况，有一种意见反对这一主张。这种意见认为，如果低利率是价格低廉的原因，那么依此类推，高利率就必定是价格昂贵的原因。因此，似乎会得出这样一个结论，英格兰银行为了调整汇率而提高利率必将提高商品的价格，由此会造成这样一种反常现象，即物价上涨与英格兰银行恢复金块流入的努力同时并存。对这种反对意见的回答是，我在论证低利率是物价低廉的原因这一结论时，已经明确假定，低利率延续的时间应该非常长，以致可以影响生产成本，反过来利率的上升也是如此。而英格兰银行提高利率以阻止金块外流的行动则不能看作是一种能影响生产成本的持久行动。英格兰银行强制出售其证券的活动导致利率提高的幅度越大，其可能持续的时间就越短。而且对这种反对意见还有一更进一步和更加明确的回答，即，虽然英格兰银行为这一目的所进行的直接活动是针对利率的，但它可能很少起作用，除非利率的上升幅度是如此之大，或者前一阶段的过度交易如此严重，以致影响到信用并导致企业破产。在商业信用遭到破坏，大批企业破产的情况下，会导致物价下跌，从而利率上升，制止金块外流并迫使金块流入。因此，第15个命题谈到英格兰银行操纵利率和信用状况的活动，认为英格兰银行只能通过这种活动直接影响汇兑，这种能力同有些人认为它拥有的直接影响流通数量的能力截然不同。

兑施加直接的影响。

16. 利率的较大或较小的变化倾向，在调节我国银行制度方面是最值得考虑的因素，其重要性仅次于维持纸币的可兑换性和银行的清偿能力。

17. 发行业务同银行业务的完全分离，同当前把这两种业务合在一起的制度相比，很可能会使利率和信用状况发生更大、更急剧的变化。

跋

最近，殖民地产品市场上呈现出一派勃勃生气，伴随着一些产品价格的上涨。根据经纪人通报中和报纸报道中盛行的学说，情况的这种好转和通常在这种情况下会出现的投机气氛，是货币的充裕造成的。那么，我将首先要求那些把货币的充裕看作是最近物价上涨原因的人指出一种产品，这种产品的价格上涨，在最熟悉市场的人看来，并参照同消费比率相比较的实际的和偶然的供给状况，是没有充足理由的。我们所观察到的价格上涨，就某些产品来说，是从萧条时期的最低点开始的，就某些产品来说是从低于最低生产成本的价格开始的。

在价格大幅度持续下降期间，包括批发商和零售商在内的所有商人和制造商，对发现进货之后价格一再下跌感到失望，便倾向于在开始新的购买之前，处理掉现有的存货。由于普遍存在这种倾向，商人和制造商手中的一些主要原料和制成品的库存，已大幅度下降；同时，这种空前低的价格也扩展到国内外的消费品。最后，商人和制造商注意到这种情况，由于看到价格已降至最低点而恢复了信心，于是又很自然地倾向于进货。因此很明显，如果商人和制造商处理存货的倾向如我们所知道的伴随着市场的萧条和衰退，那么当库存大幅度下降，他们倾向于补充存货时，就必然会产生相反的作用。正如他们曾过于自信地作出价格会进一步跌落的错误预期那样,他们也很容易犯相反的错误。

在这种情况下,价格必然有所上涨,这是显而易见的。关于上涨幅度,必然是每个人有每个人的看法,在依照自己的看法行事时,必然还会产生更大的判断上的失误,直到它受到事实的检验,即受到供给和消费的检验;消费者的需求最终决定着大买主(无论是制造商、商人还是投机者)所能获得的收益。

因此,如果在最近物价上涨的每一时刻,都能确定无疑地从供给与消费的明显对比中,为这种上涨找到充足的或至少是说得过去的理由,那为什么还要说是货币的充裕和由此导致的低利率引起了价格上升呢?而且,如果低利率是目前刺激购买的因素,那为什么一年以前它对商人和投机者没有刺激作用呢?那时的利率同现在一样低,或者为什么半年以前商品市场上没有出现投机迹象呢?特别是,为什么低利率没有能阻止商人和制造商处理库存,从而阻止价格下跌(谷物的价格除外)?价格的这种下跌几乎是与1840至1843年夏季利率的降低同时发生的,或者用眼下时兴的说法,是与货币的日益充裕同时发生的。

我手头恰好有几份通报,是从殖民地产品市场上的大经纪人那儿弄来的;正是在这些通报中,近来物价的上涨使人们认为,所谓货币的充裕是物价上涨的原因。叫人感到非常好笑的是,虽然通报的作者们认为自己有责任根据流行的方式,把价格受到的很大一部分影响归于货币的充裕,可他们提供的有关每一种涨价物品的信息,都十分明确地证实,近来价格的上涨同利率毫无关系,就每一种涨价物品而言,价格的上涨完全是由这样一个简单明了

的原因造成的，即供给减少而消费增加。

这表明，迂腐的通货学说已是多么流行，简直令人不可思议，叫人惊异不已。因此，虽然本书本来并不打算详细谈论实际价格或者比较价格以及市场状况，但我现在却不得不简要谈一谈这方面的情况，以表明它们并没有证实通报中所表达的那种看法，即：正是充裕的游资导致了对商品的投资。

1844年3月2日的一份通报中，充满了有关美洲产品市场状况的准确无误的信息，但在详尽描述这种状况之前，却有下面一段开场白：

> “这里和欧洲大陆的巨额资本被用来购买货物，殖民地市场上的几乎每一种商品都已经感受到了它的影响。这些购买活动丝毫未受到有关供给或需求的预测的影响，人们进行这种购买活动只是因为深信，经济已达到了萧条的最低点，深信充裕的闲置货币和经济状况的好转最终可能引起物价的普遍上涨。这一结果已部分地达到了。在过去的两个星期内，咖啡、糖、稻谷和许多次要商品的价格已上涨了10%至15%。在明辛·莱恩，交易活动要比过去十年任何时候都更加活跃。
>
> 不可否认，已经开始了一种明显的变动过程，根据许多情况来判断，它还有进一步发展的可能性。世界各国所遭受的巨大商业困难已经基本上被克服了；——大不列颠的金融状况已有了相当大的改善——货币仍然非常充裕，并且英格兰银行的金库也是充盈的。所有公债的价格都上升了，由于铁路债券价格上扬，对铁路债券投资（从其规模来看，这是个非常重要的项目）已变得不大适合了。因此，几乎不可避免的结

果是，价格非常低廉的国外商品吸引了大量货币；如果这种购买活动被限制在合理的范围之内，它们是完全正当的，但我们应密切注意金融市场的变化情况。”

若是像以前那样用简明的商业语言来表达，则第一句话的意思只不过是进行大规模的购买，结果价格上扬——这是一种很自然的结果。但是接下来的那段我加着重号的话，却突出表明，人们现在往往胡乱地把金融市场引入商品市场。如果所提及的那种购买活动完全不受供求预测的影响，则我对此所能说的只是，购买者是很愚蠢的。但从这张通报中我们将看到，他们是非常聪明的，实际上是依据很稳妥、很合理的对供求的看法而行事。在讨论含有这种意思的证据之前，我只提请读者注意所引段落的最后一句话，不过，我对此只想说，不应建议商品市场上的投机商人密切注意金融市场，较稳妥的建议反而是完全不去管金融市场，而只是一方面要对可能影响实际的和可能的供给的所有情况保持高度警觉，另一方面要对国内外的消费保持高度警觉。

那份通报中提及的售价上升最为显著的商品是食糖、咖啡和稻谷，下面便是有关这些种类的产品的说明：

“食糖——整个月，对英属罗得岛的食糖需求都很稳定，西印度群岛市场上食糖的供应持续吃紧，特别是优质糖和上等糖的供应更为吃紧，东印度群岛和毛里求斯的到货数量很有限，价格每单位上涨了 1 先令至 2 先令，售价涨幅最大的是劣质糖。价格上升的另外一个原因是今年头两个月到货的大量增加，今年头两个月的到货不仅超过了 1842 和 1843 年同期的水平，并且到目前为止超过进口的数量达 13 000 吨，这样，造成了库存的大幅度下降；除此之外，人们还普遍认为，牙买加的产量将不足。鉴于近期即将到来的供给不是很大，因此价格很可能保持稳定，特别是在消费明显大量增加的时候。

从东、西印度群岛和毛里求斯输入大不列颠的食糖数量达到了 19 000 吨，而 1843 年是 26 500 吨，1842 年是 19 900 吨；交货数量达到 30 800 吨，而在 1843 年是 26 800 吨，1842 年是 21 000 吨；存货达到 29 800 吨，而在 1843 年是 39 500 吨，1842 年是 28 800 吨。”

由于人们普遍认为关税有可能降低，从而增加了对国外食糖的需求，这种需求不取决于相对于出口而言不足的库存。

“咖啡——国内市场咖啡的交易量一直很大，交易范围也很广。进口量下降了，消费量却再次增加，并且一段时间内将不会有大量的到货，因此价格仍有进一步上涨的可能，因为适合国内交易的外国咖啡价格的上涨将阻止它们受到竞争。近 13 000 袋锡兰咖啡已经以每袋 65 先令至 68 先令 6 便士的价格成交。自从上个月以来，每袋锡兰咖啡的价格已上涨了 2 先令至 3 先令。在海外的东印度群岛，3 000 袋的爪哇咖啡已经以每袋 36 先令至 53 先令的价格售出；3 000 袋到 4 000 袋的巴丹疏林的咖啡以每袋 26 先令到 32 先令的价格售出；1 500大包的穆哈咖啡则以每包 68 先令至 75 先令的价格售出。

针对着各种外国咖啡的大规模投机活动已经发生。它始于荷兰，现已扩展到伦敦、汉堡和安特卫普，并且毫无疑问将会遍及整个欧洲大陆。早在去年11月，在某些地区就私下传说会发生广泛的投资活动，悄悄地准备了各种措施，这些措施都很有成效地实施了。在英国和欧洲大陆已销售了300 000袋（19 000吨）以上的咖啡，在市场上每袋咖啡的价格已上涨了3个先令到5个先令。这些规模巨大的交易来得很突然，因为虽然年底的咖啡库存低于人们所预计的数量，但是咖啡长期以来受到人们的忽视，以致它不是特别受人喜爱的商品。”

除了咖啡的库存低于人们所预计的数量以及这种商品长期以来受到人们的忽视以外，还有什么更好的理由可用以解释咖啡价格的上扬呢？另外，似乎存在着一种普遍看法，认为关税可能会发生变化。

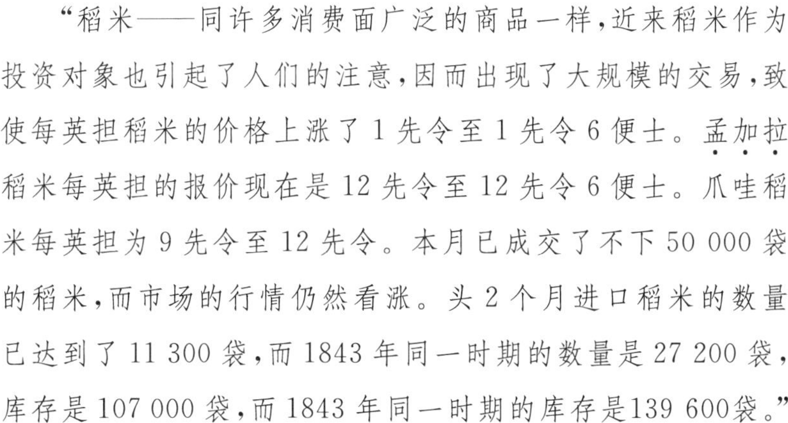

“稻米——同许多消费面广泛的商品一样，近来稻米作为投资对象也引起了人们的注意，因而出现了大规模的交易，致使每英担稻米的价格上涨了1先令至1先令6便士。孟加拉稻米每英担的报价现在是12先令至12先令6便士。爪哇稻米每英担为9先令至12先令。本月已成交了不下50 000袋的稻米，而市场的行情仍然看涨。头2个月进口稻米的数量已达到了11 300袋，而1843年同一时期的数量是27 200袋，库存是107 000袋，而1843年同一时期的库存是139 600袋。”

对棉花的投机活动，以及棉花价格的迅速上涨在数月前就开始了，那时，有关1843年棉花歉收的传闻已开始流传。如今，这种传闻已在各地得到了证实;但后来几周,棉花价格的上涨已达到了以下几种因素所允许的最高点,这几种因素是看法和利益的冲突、棉花的歉收以及消费情况,因而棉花价格没有像另外几种美洲产品那样进一步上涨。

继续列举其它涨价商品,读者将会感到厌倦。只要指出没有一种产品价格的上涨不是由供求规律决定的,指出到目前为止没有一种产品价格的上涨是没有道理的,就足够了。

另一方面,靛蓝的产量据说比往年都大,因而其价格下降了20%以上。

与此同时,一些重要产品的价格,尤其是波罗的海沿岸各国产品的价格,则处于完全静止的状态。

我将从另一份价格通报(标明的日期是1844年3月5日)中摘引一段话,并在此基础上进行评论。

> "我们承认,看到咖啡的价格不同于许多易腐产品的价格,长期处于极低的水平,这使我们感到很奇怪;不过,现在情况正在好转。充裕的货币终于使资本家的注意力转向商品;而咖啡一直是受到人们喜爱的商品之一。对咖啡的投机活动始于国外,但其影响不久就波及国内市场,像以前所提到的那样,这导致了咖啡价格迅速而大幅度地上升。这里进行的大部分交易活动已扩展至巴西和圣多明各。许多人认为,价格还将被提得更高。如果像所传闻的那样,国外的小商人和小店主已完全没有存货,就更有可能发生这种情况。"

这里,金融市场再次被毫无道理地牵扯了进来。并不是充裕的货币引导了资本家(称其为富商正变得时髦起来)的注意力，而是低廉的价格和长期以来对这种商品的忽视。但是，我要评论的，主要是以上引文中的这样一句话：国外小商人和小店主已经没有什么存货了。若一段时间以来供给的增加或消费的减少出乎商人们的意料，商人通常便会处理掉存货，这是价格下降的原因和结果；这一过程会持续到库存减少和消费增加为止，此时，注意力会被吸引到这方面来，结果会导致反作用。

消息最灵通商人的注意力通常是最先受到吸引的；因为正像在对咖啡进行大规模投机的情况下(这种投机活动起源于荷兰)那样，大投机商在欧洲大陆有着最广泛的联系，最有可能并最有希望获得关于某种商品的信息，并在投机活动中成功，因为这种商品的供给来自于多种渠道，其库存和消费者遍及整个文明世界。正如通报中提及的，他们由此而抢在了小商人的前面。指引他们注意力的，并不是充裕的资本，因为他们早就拥有充裕的资本，而是他们一向对这种商品的关注。一段时间以来，他们肯定一直在收集有关这种商品的信息，直到他们确信，消费正在按低于生产成本的现行价格迅速接近供给为止；一旦确信了这一点，他们就会依照这一看法行事，而不管货币的利息是2%还是5%。利率的高低所造成的差别仅仅是，在低利率情况下，他们转售的价格较低，而在高利率情况下，他们转售的价格较高，因为高利率多少抬高了成本。

我之所以要较为详细地讨论这一点，是因为我确信，像上述文中包含的那类观点，很可能会使崇信这种观点的人相信一种实际上并不存在的、为人所假想的普遍原因，从而使人们误入歧途，忽视较为正确的推理和行为规则，不按照有关实际可能的供给和消

费率的最可靠信息推理和行事。资本家手中充裕的货币实质上是价格低廉的原因,而消费者手中充裕的货币则是价格昂贵的原因,这一点无论怎样重复也不过分。

关于那些通报中谈及的明辛街的兴隆交易,我还要补充一点,那就是,吸引了大多数人注意力的投机活动,即对咖啡的投机活动,起于荷兰,随后其影响又扩展到了我国和欧洲大陆上的其他城镇;然而,国外的价格完全同我国一样高,或者甚至更高些。据我所知,在我国价格上涨幅度很大的几乎所有商品,在欧洲大陆上涨的幅度完全相同,如果不是更高的话。一般来讲,欧洲大陆所有商品的价格,我指的是其全体居民消费的商品的价格,完全同这里一样高,只有谷物和其它在我国被课征高额关税的商品是例外。而根据通货理论,国外的价格应该下跌,应远远低于我国的价格水平,因为从它们那里抽取的巨额数量的贵金属目前正堆积在英格兰银行的金库中。

因此,可以说,目前的实际情况加强了(如果需要加强的话)前几页列举的论点,证明通货理论是没有根据的。

1844 年 5 月 15 日

自从写完前面几页以来,尽管货币仍保持充裕,也就是说利率依旧很低,但产品市场始终处于一种非常健全的、未受刺激的状态。

附　　录

（A）　本书第 71 页

以下几段文字是对正文的注释，我在写作正文时，由于不想妨碍论证的进行，未提及一种成见或偏见（提到的只是这样一种偏见，即认为强制流通的政府纸币与银行券相类似），这种偏见会不可避免地使普通人认为：货币的数量（不论是用什么标准检验这种数量）必然会对商品的价格产生直接影响。我提到的这种偏见，产生于下述似是而非的推理。

商品的价格取决于供给与需求；因而在供给给定的情况下，价格取决于需求。但货币是需求的手段，因此，货币的任何增加必定带来需求的增加，结果必定使价格提高。由于银行券根据定义是货币，银行券的增加必然导致需求的增加，从而必然抬高商品的价格。

已故的詹姆斯·穆勒先生在其《论政治经济学》（第 3 版，第 131 页）一书中写了下面一段话，用以支持上述观点，他用普通语言表达的这种观点我不能不认为是一种错误的观点：

“不难理解，正是一国的货币总量，决定了该总量中的多大部分可交换到该国的某一部分货物或商品。

如果我们假定这个国家的所有货物都放在一边，这个国家的所有货币都放在另一边，并假设它们立即进行交换，则显而易见，货物的十分之一，或者百分之一，或是任何其他部分将交换全部货币的十分之一，百分之一或任何其他部分，并且这个十分之一、百分之一或任何其他部分所包含的数量是大还是小，正好与国家的货币总量是大还是小成比例。如果实际情况确实如此，则很显然，货币的价值完全取决于货币的数量。实际情况似乎正是这样。”

西尼尔先生在一篇有关货币价值的讲演中，以及在一篇我前面提到过的发表在《爱丁堡评论》上的文章中，对穆勒先生论文中的以上段落进行了评论，并且指出了它的谬误之处在于忽略了这样一点，即正是贵金属的生产成本而不是它们的数量构成了它们的价值，并决定了商品的价格，商品的生产成本又用贵金属的价值来衡量。

然而，穆勒先生在第 167 页的一段话中又用一种假设的情况来举例说明他的观点。他说，“假设市场是一个非常狭窄的市场，一边完全是面包，另一边是货币。假设市场的正常状态为，一边是 100 个面包，另一边是 100 先令，因此，面包的价格是 1 先令 1 个面包。假设在这种情况下，面包的数量增至 200 个，而货币的数量则保持不变，十分明显，面包的价格必然下降一半，即每个面包的价格下降到 6 便士。”

从这一段话来看，穆勒先生似乎给前面一段话表达的观点加上了限制条件，或更为严格地说，也许忘记了那一观点，而认为影响物价的货币数量仅限于在消费者口袋里或手中、准备拿到市场上满足他们直接需要的货币数量。在这一有限的范围内，可以承认，货币的数量对物价有影响。但是，在这样的限制下，穆勒的观点就与通货原理毫无共同之处了，因为通货原理认为，影响物价的货币数量，在于流通银行券的数量或全部流通手段所表示的货币数量。

(B) 本书第80页

正文中谈到了拥有资本和信用的个人的购买力，对此可能需要进行一些解释，在这里我就参照实际情况举例加以说明。我的意思是说，那些拥有充足的资本开展正常业务并在其交易中享有良好信誉的人，如果对他所经营的商品的价格上涨的前景持有乐观的看法，并且这种看法被他投机活动开始时和进行时的情况进一步证实，就可能使其购买活动达到同其资本相比非常巨大的程度。这里必不可少的条件是，市场应该是十分广阔的，并且所经营的商品很容易由于政治原因或自然原因而价格发生大幅度波动；事实上，只有这类商品，才是投机的对象，才足以吸引商人的注意力。我打算用1839年茶叶贸易中所发生的情况（该年中国爆发了动乱[①]）以及1838至1842年之间谷物贸易中的投机活动来加以说明。

1839年我们同中国发生了争端，预期茶叶价格将上涨，一些零售商和茶叶商便率先从事投机活动。该行业中一种普遍的倾向是储存货物，即，一次储存够满足顾客未来几个月可能需求的货物。然而，其中一些商人，比其他人对前景更加乐观和更加富有冒险精神，利用他们自己在进口商和批发商那里享有的信用，购进远

① 指中国人民反对英国侵略的爱国斗争。——译者

大于他们的生意中估计需要的数量。由于这种购买活动最初是公开进行的，或许确实是为了合法的用途，并在他们正常生意的范围之内，因而他们能够进行购买而不需要支付保证金；而那些被人知晓的投机者则被要求在这种商品的三个月的付款期限到期之前每箱支付 2 镑，来补偿可能发生的任何价格上的差额。因此，不支付任何形式的实际资本或通货，他们便购买了大量茶叶，用出售一部分茶叶所得的利润，他们便能够为购买更多的茶叶支付保证金，通常是在购买数量很大，引起人们注意时，才要求支付保证金。

投机活动就是这样在价格上涨（上涨 100%和 100%以上）的情况下进行，直到付款期限几乎到期时为止：如果在付款期限到期时情况一直如此，证明在过去时期流行的那种关于未来的全部供应将中断的看法是有道理的，价格可能会进一步上涨，无论如何不会回落。在这种情况下，投机者本来可以通过出售已购入的茶叶，即使实现不了全部预期利润，也可以赚得很大一笔钱，用这笔钱他们可以大大扩展其生意，或完全洗手不干了，落得个有远见能赚钱的名声。然而，并没有出现这种有利的结果，同他们的期望相反，碰巧有两三船转运的茶叶一到达这里就被允许进港并发现还有更多的茶叶在直接运往这里。这样，供给的增加就超过了投机者的预计，同时，高昂的价格也减少了消费。因此市场上发生了价格剧烈下跌的情况：投机者不亏本就销售不出去，致使他们无力偿债，他们中的一些人因而破产了。这其中，我要提到一个人，他拥有的资本不超过 1 200 镑，他把这 1 200 镑的资本都用来作茶叶生意，设法购买了 4 000 箱的茶叶，其价值在 80 000 镑以上，由此遭受的损失大约为 16 000 镑。

我要举的另外一个例子是1838年和1842年间谷物市场上的投机买卖。有这样一个人，根据后来的调查发现，他开始范围广泛的投机活动时拥有的资本不超过5 000镑，由于开始时很成功，以及投机过程中情况很有利，他设法大肆购买谷物，以至当他停止支付时，发现他的债务数额已达到500 000镑至600 000镑。可以列举的另外一些例子，是完全没有任何资本的人，他们仅仅凭借信用，在市场状况证实了他们的看法时，就能进行很大规模的购买活动。

请注意，这些以很少的资本或根本不用资本而进行巨额购买的投机活动，是在1839年和1840年进行的，那时的货币市场处于最为紧缩的状态，或者用现代的说法来讲，当时货币极为缺乏。

（C） 本书第84页

如果我们承认这样一个重要事实，即尽管1839年利率上升到了6%，但物价却保持稳定，那么，对于正确理解该年物价与流通状况的关系而言，便很难想象有比包含在下述提问和回答（这是发钞银行委员会对诺曼先生进行调查时的问答）中更为错误的看法：

“1926. 主席——1839年商品的价格一般不是由那些不服从规定的发钞银行在那一时期保持的吗？答：我认为，1839年物价保持得很稳定；但我也认为，英格兰银行的限制性措施对物价有影响；因为，我确信贵金属的出口绝不能应付对额外国外支付的需求；作为解释，我要说，我担心从1838年秋季起对谷物的国外支付已达10 000 000镑，我没有发现超过6 000 000镑或7 000 000镑的出口记录。”

在我看来，帕尔默先生对这个问题的回答倒表达了正确的观点：

“1473. 主席——如果（1839 年）采取更加严厉的措施来减少商业贷款，物价不是必然会下降，这样就能增加出口满足国外支付了吗？答：我认为，从我国资本的数量和其所具有的力量来看，从商人拥有的商品库存的减少来看，是否能达到那一结果，是很值得怀疑的。”

（D） 本书第 110 页

彭宁顿先生寄交的论文

“一直有人建议，英格兰银行的业务应分为两个不同的部门；一个称为发行部门，另一个称为存款部门。发行部门应持有数量固定不变的证券，其职能仅限于以黄金兑换银行券和以银行券兑换黄金。存款部门应根据伦敦银行家所遵守的那些一般原则管理委托给它的基金，并独立于期票部门。

研究一下该计划的可能运作方式，或许是值得的。

我认为，执行这个计划时，首先应该把英格兰银行持有的证券和金块按一定比例分配给存款部门，分配给存款部门的证券和金块总额应等于存款总额。因此，如果英格兰银行持有 18 000 000 镑证券和9 000 000镑金块以抵付 18 000 000 镑已公开发行的银行券和9 000 000镑存款，就应分配给存款部门 6 000 000 镑证券和3 000 000镑金块，留给发行部门 6 000 000 镑金块和12 000 000

镑证券。

如果进行这样一种分离，则很明显，由于在这两个部门之间以黄金兑换银行券，或者以银行券兑换黄金，将不影响公众手中银行券的数量，由于这样的交换会经常而且大规模地发生，因而除非人们同时知道存款部门持有的银行券数量，否则已发行的银行券数量的增加或减少，不会成为衡量流通银行券数量的可靠标准。

我们暂且不考虑这一计划可能招致的反对意见，而立即看一下向英格兰银行兑换金块会产生什么样的结果。

如果我们假设在上述情况下，存款部门刚一建立，全部3 000 000镑金块就被兑换成了3 000 000镑银行券，那我们就可以比较清楚地看出存款部门的行动和状况。此种情况下这两个部门的情况将有如下述：

发行部门		存款部门	
已发行的银行券	21 000 000 英镑	存款	9 000 000 英镑
证券	12 000 000 英镑	证券	6 000 000 英镑
金块	9 000 000 英镑	银行券	3 000 000 英镑

既然这两个部门的情况如此，那么让我们假设逆汇兑创造了对英格兰银行金块的需求用以输出。这样一种对金块的需求，或者可以通过减少公众手中银行券数量的办法，或者可以通过减少英格兰银行存款的办法得到满足。如果通过前一种办法来满足这种需求，那么，把英格兰银行的业务分为两个部门的做法便会达到预期的目的；如果通过后一种办法来满足这种需求，那么，就公众手中英格兰银行券数量的增减而言，国际汇兑的变化并不会产生

令人满意的结果。在后一种情况下，把业务分离开来的做法并不会使纸币的发行得到更好的管理。

或许，有人会说，如果银行业务同发行业务分离开来，并且按城市私人银行所采用的方式和原则进行管理，则存款减少后，相应数量的证券会被立即出售或变现；这样，在外部流通的银行券数量会减少到与金块的交割相一致的水平。

但是，在类似的情况下，在目前的管理制度下，也可以出售或变卖证券。无论是继续实行现行制度，还是把英格兰银行的业务划分为两个部门，证券的出售或变现都必然取决于英格兰银行董事们的看法或判断。这两种情况的唯一区别是，在后一种情况下，向储户支付银行券引起的反作用会被限制在 3 000 000 镑的范围之内，而在当前的管理制度下，所产生的作用则大得多。

此外，还应该指出，如果对金块出口的需求超过了 3 000 000 镑，如果该需求落在了存款部门之上，则存款部门的金块数量将大大减少，以致**要么不得不强制变卖其一部分证券，要么不得不停止支付，而此时发行部门却有充足的硬币**。

也许应该把上述原则和观点应用于英格兰银行过去四年中某个时期的实际情况。

1834 年 1 月债务和资产情况如下：

纸币发行额	18 236 000 英镑	证券	23 596 000 英镑
存　　款	13 101 000	金块	9 948 000
其　　它	2 207 000		33 544 000 英镑
	33 544 000 英镑		

假如当时决定把英格兰银行的业务分为两个部门，则人们也

表 A

发行部				银行营业部			
	银行券发行额	证券	金块		存款	证券	银行券
公众手中的银行券 银行营业部中的银行券	18 236 3 712 21 948	12 000	9 948	存款 其他	13 101 2 207 15 308	11 596	3 712

以下时期内两个部门的情况：

		银行券发行额	证券	金块			存款	证券	银行券
1834 年： 12 月 银行券：公众 银行营业部	18 304 416	18 720	12 000	6 720	存款 其它	12 256 2 532	15 778	14 362	416
1835 年： 7 月 银行券：公众 银行营业部	18 283 0	18 283	12 000	6 283	存款 其它	11 561 2 644	14 205	14 244	0
1836 年： 6 月 银行券：公众 银行营业部	17 262 1 814	19 076	12 000	7 076	存款 其它	19 169 2 599	21 768	19 954	1 814
8 月 银行券：公众 银行营业部	18 061 264	18 325	12 000	6 325	存款 其它	14 796 2 813	17 609	17 345	264
1838 年： 1 月 银行券：公众 银行营业部	17 900 2 995	20 895	12 000	8 895	存款 其它	10 992 2 609	13 601	10 606	2 995
1839 年： 1 月 银行券：公众 银行营业部	18 201 3 135	21 336	12 000	9 335	存款 其它	10 315 2 500	12 815	9 680	3 135
7 月 银行券：公众 银行营业部	18 049 0	18 049	12 000	3 785	存款 其它	7 955 2 686	10 641	12 905	0

许认为应把 12 000 000 镑的证券分配给发行部门，作为该部门未来不得突破的固定数量。剩下的证券当然归银行营业部。因此，数量达到 18 236 000 镑的已发行的银行券就将有 12 000 000 镑的证券和 6 236 000 镑的金块作为其基础。但由于银行券使用起来更为便利，存款部门很可能宁愿要银行券而不要黄金，因而这两个部门的情况如表 A 所示：

根据以上所述，可以看出，假如英格兰银行的业务在 1834 年 1 月被划分为两个部门，假如我们假设当时确立的规则以后被严格遵守，则 1839 年 1 月发行部门的纸币发行额将会比那个时期的实际数量减少 2 364 000 镑，存款部门的现金将被完全提出。1835 年 7 月和 1839 年 7 月存款部门持有的证券会超过其它和存款这两项的总和。存款部门不可能持有超过存款的那部分证券，除非发行部门违反规定的规则，发行与那一超过量相等的纸币。

为了阻止提尽它的现金，毫无疑问，银行营业部将通过卖掉巨额数量的证券来竭力从公众手中收回银行券。由于发行部的经理严格遵守所定的规则，由于银行营业部的经理充分尊重所定的规则，银行营业部在去年 7 月所拥有的证券数量会比其实际上所拥有数额要少 3 000 000 镑或 4 000 000 镑，换言之，当时公众手中银行券的数量会比他们实际拥有的数量少 3 000 000 镑或4 000 000 镑，由此而会对金融市场造成非常沉重的压力。

到目前为止，我们假设英格兰银行被分为两个不同的部门，并进行了正式的债务和资产分配。其实不进行没有这种正式的分离和分配，只要严格遵守下述规则，也可以对通货产生完全相同的影响，这条规则是，英格兰银行除非是在其贮藏的金块的基础上，否则不得在任何时候发行超过一定数量的银行券(我们已假设那一数量为12 000 000镑)。如果1839年1月正式通过了这一规则,并在以后坚决遵守这一规则,则英格兰银行为避免暂时停止支付存款必然会大大减少它持有的证券数量。减少证券的做法很有可能会在今年的早些时候阻止金块的外流。如果尽管减少了所持有的证券,金块继续外流,则英格兰银行必然会在(1839年)7月把其持有的证券数量减少到比它当时实际持有的数量少3 000 000镑或4 000 000镑的水平上。

可以预期,不论是把英格兰银行正式分为两个部门,还是采用刚才提到的规则,公众都会面临金融市场上银根较松和较紧的不断交替。

这里应该指出,上面提到的规则和霍斯利·帕尔默先生及诺曼先生在其证词中所解释的规则之间的差别是:前一种规则会使英格兰银行为支付存款而发行的银行券数量不得超过这样一个限度,即任何时候已发行的银行券数量和12 000 000镑外加英格兰银行所拥有的金块数量之间的差额,而在后一种规则下,英格兰银行则可以不受限制地用银行券取代存款。前一规则所起的作用同把英格兰银行分为两个部门是一样的。后一规则的唯一作用,是使英格兰银行拥有的银行券和存款的总量随着其金块数量的增减而增减。

有一点我还没有提及,这点同所提议的把英格兰银行分为两个部门有关系,因而需要谈一谈。有人建议,为了增加银行营业部的可支配资金,应把该银行现在借给政府的一部分资本用于银行业务方面。我想,这个建议的意思是,应把英格兰银行购买的3%

的公债出售掉，出售公债所得的收益由英格兰银行随意支配，要么用于购买其他证券，要么用于发放商业贷款和进行贴现。

关于这个建议，应该指出，它是想从一部分人那里抽回一定数量的资金，其目的在于，通过英格兰银行把这笔资金转移给另一部分人使用。通过这一过程，在金融市场上并没有创造出新的资金。变化仅仅是把已经存在的资金从一种投资转移到另一种投资上去，其作用同某一公债持有者出售股票，用所得到的收益进行商业贴现是一样的。从结果上看，该公债持有者的这种活动造成的影响较小。但是，如果像所提议的那样，把英格兰银行 5 000 000 镑的原投资本出售掉，并把所得的收益同英格兰银行的存款混在一起以同样的方式使用，那么，虽然银行营业部拥有的银行券储备，不一定会因为资金的这种增加而增加，可是在商业繁荣和萧条相互交替的时期，如此巨大数量的资金，用途不断变化，却会对总的流通产生异乎寻常的影响。在一段时间，增加的资金可能会被用于商业贷款和贴现，在另一段时间，大部分增加的资金可能会从公众手中收回，以银行券和硬币的形式为英格兰银行所占有；这样，英格兰银行便可根据自己的意愿，交替造成公众手中货币的充盈和不足。”

以上便是彭宁顿先生在那篇论文中告诉我的东西，现在，我要从他给柯克曼·芬利先生的信中摘录下述片段：

“如果决定采纳所提出的分离计划，则需要考虑的最为困难和最为重要的一点，就是确定发行部门应持有的固定数量的证券。这点一旦被正确地确定下来，便可以达到分离计划的主要目的，而无需把英格兰银行正式分为两个部门。这样一种分离只有当能够比其他方法更有保证地做到以下一点时，才是理想的：在未来，不论在多么紧急的时刻，都不得超越证券的固定数量。

前面我假定，在分离之前，英格兰银行拥有 18 000 000 镑的证券和 9 000 000 镑的金块，以抵付 18 000 000 镑已公开发行的银行券和 9 000 000 镑的存款。在这种情况下，我认为，发行部门持有的固定数量的证券应该是 12 000 000 镑。如果这就是证券的固定数额，那么根据所制定的规则，公开发行的银行券应为21 000 000镑，其中，18 000 000 镑应在公众手中，剩下的3 000 000镑必然就由银行营业部自由处理。

在最近发表的一封致图克的信中，托伦斯上校为了进行说明，假设了同样的情况，并规定发行部门应持有的证券数量为9 000 000镑。在规定这一数额时，他假定银行营业部（在假设的情况下）正好处于图克先生认为可能出现的那种情况，也就是既没有银行券也没有金块用以支付储户的即期提款要求，因为，为了获得必需的财力，不得不在金融市场上强制出售它的一部分证券。他假设，为此必须出售 3 000 000 镑的证券。因此，先前公众手中持有的 18 000 000 镑将被减少到 15 000 000 镑。

尽管金融市场上存在着这种压力，我们还是假设逆汇兑导致了对英格兰银行黄金的需求，需求额达到 3 000 000 镑。于是托伦斯上校说，‘存款部门作为储备持有的 3 000 000 镑银行券将被储户提走，拿来向发行部门换取黄金，而存款部门的经理们为了弥补相当于其 1/3 存款的储备，不得不出售其持有的 6 000 000 镑证券中的 2 000 000 镑。结果是，在发行部门，金块将从9 000 000镑减少到 6 000 000 镑，银行券将从 18 000 000 镑减少到 15 000 000

镑；在存款部门，存款将从 9 000 000 镑减少到6 000 000镑，证券从 6 000 000 镑减少到 4 000 000 镑，储备从3 000 000镑减少到2 000 000镑。不言而喻，其结果是，不仅发行额缩小了，而且在贴现和放款方面过度交易的能力也受到了限制。'

公众手中银行券的数量从 18 000 000 镑减少到 13 000 000 镑，确实会在贴现和放款方面有效地阻止过度交易。

虽然不可能出现托伦斯上校所说的那种极端情况，但假如出现那种情况，则即使划分债务和资产，严格遵守彭宁顿先生寄交给我的论文中所描述的那条规则也会产生托伦斯所描述的各种结果，那条规则是英格兰银行在任何时候都不得发行超过某一固定数量的银行券，除非它拥有相应数量的黄金。因此，把英格兰银行的业务分为两个部门，或者严格遵守上述规则而不把英格兰银行分为两个部门，其结果是一样的。

然而，有一件很重要的事情会使人怀疑，按照所假设的方法把英格兰银行分离为两个部门，是否就是确保那条规则得到适当遵守的最有效方法。

到目前为止，英格兰银行的习惯做法是，凡是返回来兑讫的银行券，一律予以注销——绝不再发行它们。尽管在实施所建议的调整时遵守这一习惯做法不会引起任何无法克服的困难，然而，一般说来银行营业部却必须持有巨额黄金，或持有巨额已签章的银行券供随时使用。持有巨额已签章并已完全生效的银行券可能被认为是危险的和不方便的。如果为了避免这种危险和不方便，银行营业部持有注销银行券，随时根据自己的临时需要和方便，向发行部用旧银行券换取新银行券，那么发行部实际上就成了银行营业部的存储处，并且通过银行营业部，又或多或少地成为他人的存储处。毫无疑问，可以作出安排，建立一检查系统以防止发生违反计划原则的事情。但是，需要建立什么样的机构是个非常微妙的问题，该机构的职能和目的不易为公众所顿悟和理解。”

补充章节

论提交议会讨论的关于重颁英格兰银行特许状以及管理英格兰和威尔士地方银行的各项措施

这本小册子第2版的出版，使我能就有关银行业的一些尚未讨论通过的措施发表一点意见。

政府有关英格兰银行业管理问题的看法，公众现在已有所了解。

为推行那一政策而提议采取的措施都包括在十一个决议案中了，它们已由政府在本月(5月)6日提交给下院，将成为议会辩论的问题。

那些措施所要推行的政策，罗伯特·皮尔爵士在一篇相当长的演讲中作了阐述。《泰晤士报》上的一篇社论已评述了那篇演讲的长处和短处，与我对它的评价完全相同。由于我同意那篇社论中的观点，而使用自己的语言恐怕不能像它那样表达得那么清晰妥帖，因此，我作了下述摘引。紧挨着下述引文的文字谈到皮尔爵士提出的安排赢得了普遍赞同，对这些安排，社论作者也表示同意。

> "我们认为，罗伯特·皮尔爵士的演讲恐怕不如他的建议那么出色。他的前提非常好；结论也令人赞赏；所缺少的只是

这两者之间的联系。这篇演讲在进行某些炫耀的同时，恰恰未能证明皮尔爵士所宣称的东西。该演讲未能清晰地阐述它所建议的变革依据的原则是什么。该演讲有开头也有结尾，可似乎缺少中间部分。皮尔爵士把他的地基深深地而又露骨地打在墨西哥的金矿之中；他那些高耸云霄的结论早已是那些倒买倒卖外汇的精明投机商的座右铭，但在这一上一下之间却有一大团难以穿透的云彩，无论如何叫人摸不透，只有那些已熟悉下面复杂而危险地形的人才看得透它。罗伯特·皮尔爵士花费大量时间来击垮伯明翰的金融家，他确实很巧妙、很圆满地做到了这一点。其演讲的三分之一用来证明，我国的货币是黄金，我国应该维持黄金的货币地位——我们认为，不管这种证明本身具有多大价值，但等到确确实实需要的时候再作这种证明，不会使他的论证遭受多么大的损失。接下来他力图证明，对替代黄金的期票进行干预，不会使他陷入干预银行汇票或支票的境地，仅仅是自由兑换尚不足以防止过量发行，地方银行没有依据国际汇兑状况来调节其发行，建立政府银行在政治上是危险的。由此他就随便而仓促地得出了他的实际结论。他说，'这使他能够解释他提交议会考虑的那些实际措施。'

我们提及的这些措施是明智和公正的，但采取这些措施的正当性绝不能用介绍这些措施的那篇演讲来证明。例如，地方银行将被取消，为什么？从罗伯特·皮尔爵士的演讲中看，这是因为'地方银行不能根据国际汇兑的状况来控制其发行。'地方银行为什么要根据国际汇兑状况控制发行？因为不这样做会导致过量发行。为什么会导致过量发行？这正是问题的核心和本质之所在、整个问题的关键，可罗伯特爵士却没有向我们作出说明。国际汇兑和英国流通之间的关系是一个令人感兴趣的、也是极为重要的问题，它直接摆在了罗伯特·皮尔爵士和他的结论之间——而且正是那一结论的依据；这个问题尽管有点复杂，但并不是深奥得连当今的这位一流金融家也解释不了。为什么罗伯特爵士不解释这个问题，而要花费时间去证明只有少数几个狂热分子否认的那一点——即恢复纸币支付是不明智的？同样，他没有充分说明为什么要把英格兰银行的发行部门和存款部门分离开来。其实，只要熟悉当今大商人们的观点，或了解有关这些问题的主要小册子，就能马上看穿他所遵循的原则。但这不能满足这个完全无知的世界的要求，恐怕也满足不了对情况稍许有点了解的下院的要求；因此，我们很遗憾，在当前这一重大时刻，首相未能较为充分、较为清晰地阐明通货观点，而他正是打算依据这种观点管理国家的纸币发行并说服其继任者也这样做。”

毫无疑问，对注定要被加以极其重要的实际应用的通货观点来说，很难想象还有比这更为不全面、更为模糊的阐释。

罗伯特·皮尔爵士显然完全采纳了诺曼先生和劳埃德先生所阐述的通货原理；但他在尽力向下院解释通货原理，并力图证明通货原理同他提议采取的措施之间的关系时，却表现极差，差得叫人感到吃惊，这么一个天赋很高、平时讲话很清晰的人怎么会有如此表现。

事实是，他吃亏就吃亏在未经充分考察就信奉了通货理论，这种理论既不符合、也解释不了实际银行制度的运行情况，更无法清楚地洞悉拟议中的变革可能产生的影响，尤其是无法洞悉发行职能同银行业务职能相分离可能产生的影响。分离职能的方案也许是最佳方案，但即便是最佳方案，也不是出于罗伯特·皮尔爵士所陈述的那些理由。

他所提出的有关银行管理的措施，包含两个不同的考虑，一个同纸币即流通中的银行券的质量有关，另一个同纸币的数量有关。

关于纸币的质量，罗伯特·皮尔爵士有充分的理由反对银行业中的竞争和自由交易观念，反对这样一种观点，即：在适当注重质量的前提下，各银行相互竞争供应纸币，会使纸币的供应价格低廉，从而给公众带来利益或便利。不过，罗伯特·皮尔爵士所使用的低廉一词，运用于银行券的供应却是不适当的。检验银行券质量即它们价值的唯一标准，是看它们能否根据持有者的意愿，随时兑换成硬币。不仅是用硬币估算的银行券的价值，而且它们的便利都会由于在需要兑换成硬币时的最微不足道的踌躇和拖延而受到损害。因此，立法机关进行干预，以确保公众免遭由于发行银行破产或不愿和拖延履行见票即付的契约而造成的损失和不便，是完全正当的。如果提议采取的措施以此为目的，是要逐步用更加完美的纸币取代不那么完美的纸币，那么这些措施是值得公众赞许的，并且似乎已经得到了公众的赞许。

然而，罗伯特·皮尔爵士并不满足于消除纸币发行方面的竞争，并不满足于确保纸币的质量，即不满足于确保纸币的绝对安全

和直接可兑换性。他还打算调节公众手中纸币的数量——一件性质完全不同的事情；而且他迫不及待地试图解释他对这一问题的看法，这可以从其演讲中的下述段落中看出来：

> 那种东西的数量应该根据与竞争原则完全不同的原则来控制，因为其数量应该是明确的，固定不变的——必须由与其相关的金币数量来决定。纸币的数量若超过了与其相关联的金币的数量，就过多了。因此，我认为国家所需要的是，它应拥有最大数量的纸币供给，纸币的价值由相应数量的黄金来决定，纸币应由最有信誉的机构发行。然而，那些主张无条件竞争的人却拥护一种与此完全不同的学说，我请求下院注意他们在支持无条件发行时所作的一些让步。那些与我持相同观点的人认为，假若允许无条件竞争，那么，尽管银行券的发行量最终很可能与金币的数量相一致，但是，可能要过很长一段时间才能取得这种一致，而且借以取得这种一致的手段，虽然肯定是有效的，可在完全奏效之前却会造成很大的困难和不便；在纸币的发行量和它以黄金计算的表面价值之间不会有那种应该有的紧密一致；国家不会立即察觉到纸币的贬值，直到最终由那位无言的监督者——黄金提醒它；由于忽视了它的早期警告，英格兰银行不得不突然收紧银根。

假如《泰晤士报》对罗伯特爵士的这部分演讲所作的报道没有错的话，那么我要问，还有比这更为含混、更为难懂的看法吗？按照罗伯特爵士的说法，纸币的数量“必须由与其相关联的金币数量

来决定。纸币的数量若超过了与其相关联的金币数量,就过多了。"毫无疑问,如果纸币可以自由兑换成黄金,则其数量必然由与其相关联的金币数量所决定。这正是我根据亚当·斯密和李嘉图的学说所主张的。但在罗伯特爵士看来,纸币和黄金在这种程度上的一致似乎是不够的,因为在竞争的条件下,在纸币的发行量和它以黄金计算的表面价值之间不会有那种应该有的紧密一致;"国家不会立即察觉到纸币的贬值,直到最终由那位无言的监督者——黄金提醒它。"

我认为,这种认为在可以自由兑换的情况下纸币和它以黄金计算的表面价值之间缺少一致性的观点,就概念的清晰来讲,很像已故的卡斯尔雷勋爵的下述观点,即"英镑的价值可以定义为与商品相比较而言的价值"。[①] 因为,人们可能会问与适用于这一定义的问题相类似的问题,即,如果不根据纸币的标金,那么,你又是根据什么规则判断纸币是在贬值?根据商品的价格。但根据什么商品的价格呢?如果不假定纸币和金币的数量是贬值的原因,谁又能断定影响价格的因素充分不充分呢?总之,对于这里所陈述的和伯明翰学派经常极力主张的贬值学说,我们无法作出回答,而只能予以全盘否定。

我深信罗伯特爵士犯了一个错误,致使这位平时头脑如此清楚的演说家胡言乱语起来。这个错误就是,在通货理论的影响下,他不考虑银行券的面额,而赋予了银行券以一些特殊的性质和职能,认为银行券对物价产生的影响不同于其他形式的信用券对物

① 参见《有关范西塔特先生的决议案的争论》,1811 年 5 月。

价产生的影响。而且叫人感到奇怪的是，他一方面宣称汇票不同于银行券，不能像银行券那样使用，同时又威胁说，如果有人在方圆65英里的地区引入少量汇票，使其在市面上流通，弥补银行券的不足，则政府会出面加以禁止。

在其演讲的下述段落中，罗伯特·皮尔爵士反对纸币发行中的无条件竞争，即便纸币是可以完全直接兑换的：

> 一些非常著名的人物一向认为，为防止过量发行纸币，需要采取的唯一安全措施就是直接的兑换。这种学说似乎得到了诸如亚当·斯密和李嘉图这样的大权威的首肯。他们主张，应严格履行纸币的兑换保证——纸币的兑换不应有任何拖延；但他们还说，如果你确实有把握能够随时自由兑换，那就不必老是为兑换而担心了。假如这种看法不是很有根据，那并非是这些著名人物的过错。情况在不断变化，我们经常会发现管理纸币发行的新规则。如果下院根据后来的发现，确信亚当·斯密和李嘉图错了，下院无疑将愿意放弃得到这些人赞许的观点。现在，我要根据理性同时也根据自由竞争的鼓吹者所承认的事实——这将是此问题最为棘手和最为重要的一个方面——指出，可以兑换成黄金外加发行的自由竞争，并不能充分防止纸币的过量发行。

失礼得很，恕我冒昧地坚持这里所提到的亚当·斯密和李嘉图的观点，因为在我看来，他们所说的自由兑换，不仅指的是法律上的兑换责任，而且指的还是发行者随时根据要求进行兑换的能

力，也就是说，指的不仅是法律上的自由兑换，而且还有事实上的自由兑换——而这种完全的自由兑换正是罗伯特·皮尔爵士提议采取措施所要达到的目的。在这样理解自由兑换一词的条件下，我准备坚持这样一种观点，即可兑换黄金外加发行的自由竞争，足以防止纸币的过量发行；这里所谓的纸币，指的是公众手中流通的银行券（罗伯特·皮尔爵士把汇票和支票明确排除在纸币之外，因而这也肯定是他的意思）。

罗伯特·皮尔爵士有点不适当地把美国银行业的例子当作一项警告，告诫人们仅仅依靠完全的可兑换性是无法限制公众手中纸币的数量的。这个例子并不适用，因而并不能当作一项警告。在谈到"个人的财产被毁，政府的信用崩溃，整个美国的商业陷于瘫痪"时，他问道，"如果即期的可兑换性是一种制约，那它为什么没有在美国起到制约的作用呢？"我们的回答是，在宾夕法尼亚州和其他不讲信用的各州，美国的银行业与我国的银行业毫无相似之处。在这些州发行和流通的纸币，包括像面值为二角五分那样低的纸币，具有强制性政府纸币的最恶劣特征。这些州的银行随便放款，在许多情况下是把款放给本银行的董事，不要求提供任何担保品，而这些银行的经营者却得到了州政府的庇护，欺诈和愚蠢的结合，达到了银行史上前所未有的水平。

而与此相反，我倒是可以较为恰当地举出苏格兰的例子（其纸币具有几乎完全的可兑换性），以证明在最激烈的发行竞争条件下，并不会过量发行银行券。事实上，在大不列颠的这一地区，尽管发钞银行之间激烈竞争，但银行券的发行额却被减少到单纯的零售目的所需要的水平。

概念的混乱在很大程度上似乎同模棱两可地使用发行一词有关。罗伯特·皮尔爵士和通货理论的拥护者以及在这点上大部分的公众,谈到发行时,想到的似乎总是银行券进入了公众手中,在市面上流通,构成了流通额的一部分。他们不加任何区别地使用发行一词,有时指的是发钞银行以贷款或贴现的方式所作的预付,这种资本的预付不会增加流通中的银行券的数量;有时指的又是在账台上付给存款者或其他人的银行券,这种银行券仅在当地使用,确实构成了该地区纸币流通额的一部分。我认为,正是由于混淆了资本的预付(这种预付不一定会增加流通额或通货)和账台上为眼前的目的而支付的银行券,罗伯特·皮尔爵士才不同意亚当·斯密和李嘉图的下述观点的,即,完全的即期可兑换性连同纸币发行的自由竞争,足以防止银行券的过量发行。

如果像我假定的那样,银行券的质量,即它们的可兑换性是完全的和即期的,那么,只要仅仅是为了当地使用而发行银行券,只要银行券仅仅为了这个目的而流通,我们就没有理由担心银行间的自由竞争会带来危险和不便。假如银行券具有完全的可兑换性,不仅发钞银行间的自由竞争不会带来危险,而且非发钞银行间的自由竞争也不会带来危险。过度交易造成的剧烈商业波动,若能追溯到银行,总是起因于在没有充足的或可兑现的证券担保的情况下过度预付资本。银行,无论是发钞银行还是非发钞银行,在相互竞争的过程中,都可能对不该得到信用的人垫款,也可能贴现大量的可疑票据,从而增加流通手段,而不直接增加流通的数量,即银行券的数量。这种垫款,像我以前说过的那样，很可能被漫不经心地使用，物价也可能由于信用的这种过度扩张而暂时上涨[①]。创造汇票和存款肯定会造成某些后果：银行享有信用时，汇票的流通会在一段时间里维持扩大了的交易，而不需要银行券的介入。在大多数情况下，投机活动和过度交易的反弹，最初都不是由缺少银行券引起的，而是由相对于供给和消费而言的需求不足引起的。于是，投机者或许还有银行家便会破产。而所有这一切都与竞相发行银行券毫不沾边。罗伯特·皮尔爵士未提出任何措施来阻止银行的这种过度放款行为，不管是合股银行的过度放款还是非合股银行的过度放款。

罗伯特·皮尔爵士反对发钞银行在完全的即期兑换制度下进行竞争，提出的理由漏洞百出，说服不了人，对此我不打算详加评

① 这里，我要乘机说明，前几页的论证旨在指出我认为通货理论所犯的一个错误，即这种理论把各种弊病（不包括纸币的不可兑换性和发钞银行的破产）归因于银行券数量和金块数量之间变动的不一致。所以，我非常小心谨慎地谈论发钞银行和非发钞银行在影响流通和物价方面的特征，总是假设它们是在有充足证券担保的情况下预付资本。因而叫我吃惊的是，我在威廉·克莱爵士最近出版的一本小册子中发现有下述一段话："发钞银行增加流通手段数量的能力被图克先生特别否定了，确实使我感到非常震惊。我们可以向那些仅仅承认银行券是货币的人证明，有时很难迫使银行券进入流通领域，很难迫使它们在市面上流通，这会使这些人难堪，但我却不明白，既然图克先生有充分理由认为存款也同样是货币，他又怎么能否认发行银行券的权力确实赋予了银行最有效地直接增加流通手段的能力。"恕我断然否认，我从未否认过发钞银行具有增加流通手段的能力，这里的所谓流通手段包括存款和汇票在内。我否认的仅仅是发钞银行比非发钞银行具有更大的增加流通媒介的能力（假设地方流通额已饱和）。我从未想到，更没有明确说过，无论是发钞银行或非发钞银行都没有通过汇票和存款增加流通额的能力。实际上，没有人比我更加清楚以下事实（前面我也提到过这个事实），即发钞银行和非发钞银行通过 1835 年和 1836 年的过度信用扩张，都对汇票的过度流通起了推波助澜的作用。通货理论所犯的这个错误，严重地影响了威廉·克莱爵士在其小册子中针对我的观点提出的反对意见。

论，但我却要提一下重颁英格兰银行特许状时准备实施的新管理计划。该计划要把英格兰银行分为两个部门，一个是发行部门，另一个是营业部门。除了同在一幢大楼内办公和接受相同的指导外，在管理方面它们将成为两个完全独立的机构。若想从罗伯特·皮尔爵士的演讲中找到作这种分离的理由，那只能是枉费心机。从这个计划的表面看，要实现计划中提出的一切目标，只需作好簿记工作就行了，或者更为简单，只需像管理有方而谨慎小心的银行那样，根据经验和观察作极精确的计算，保持足以偿还全部债务的储备金就行了。

虽然罗伯特·皮尔爵士没有明确说明为什么要把英格兰银行划分为两个部门，但我们却可以从其演讲的结尾处推测出这样做的理由。在其演讲的结尾处，他口若悬河，小题大作，大谈特谈现行制度造成的各种严重危害，而他正是要消除这些危害。他详论的危害有银行的倒闭和由此使广大民众遭受的损失和痛苦，他的管理私人和联合股份发钞银行的措施，目的就在于防止这些危害重演；除此之外，他还提到了自 1819 年以来的通货波动“严重威胁着商业企业，会使商业企业的一切算计落空”，他也谈到了“英格兰银行依靠国外机构可能带来的危险”。

因而可以认为，这一措施想要达到的目的有两个，一个是让国际汇兑来调节纸币的发行以防止通货波动，另一个是消除停付现金的危险。

让我来谈第二个目的。应该说，如果分离措施的目的仅仅是确保纸币在任何可能出现的暂停支付现金的情况下，具有可兑换性，那我会同意采取这一措施的，而不管我预料采取这一措施会带来多么大的不便。不过,我怀疑这种措施能否更有效地防止暂停支付现金。

如果发生像 1797 或 1825 年那样的紧急情况,则分离措施能否阻止暂停支付,将完全取决于当时的内阁成员是否授权发行部门竭尽全力帮助营业部门。发行部门与营业部门分离开以后,如果英格兰银行的董事们要求发布命令限制支付,如果这一要求正好符合大多数议员支持的内阁所采取的政策,那就肯定没有什么能阻止这样做。建立一政府发钞银行,情况也不会比这好,不会比这更安全,情况反而可能会更糟。若爆发一场耗资巨大的战争,而且贸易状况恶化致使贵金属外流,那么带来的灾难首先将是暂停支付现金。为防止发生这种灾难,我宁可依赖一群诚实正派、经验丰富、办事谨慎的银行董事。

我完全不考虑利润问题,那是完全无关宏旨的,如果不仅仅进行这种名义上的分离,而且还建立一个发行政府纸币的国家机构的话。我们现在只讨论这种分离除了能防止暂停支付之外,究竟还能在多大程度上消除罗伯特·皮尔爵士明白提到的、对所有商业企业都那么危险的通货波动造成的各种危害。

我不相信这样的分离会消除这些危害。我们来看一下这种分离会起什么作用吧。

我们尚不知道英格兰银行的账目在新的制度下到底是什么样子。但在现行制度下,定期提交的报告书,为我们推测营业部分离伊始(假定自从 4 月 20 日最近一期政府公报发表后,情况没有发生重要变化)的状况提供了数据。由于发行部是完全被动的,只有营业部的活动能够对金融市场即利率和信用状况产生影响。根据最近一期的季度报告,发行额(公众手中的银行券)为 21 427 000 镑,存款额为 13 615 000 镑,金块的数量为 16 015 000 镑。就发行部而言,超过它应持有的那 14 000 000 镑固定数量的证券的全部银行券,应看作是以金块作担保而发行的银行券。所以,上述 16 015 000镑金块中,7 427 000 镑将归发行部所有,余下的 8 588 000镑将归银行营业部所有;但当人们发现持有银行券比持有黄金更为便利时,营业部的储备就可能是银行券。于是,营业部将根据自己的意愿或者持有8 588 000镑的银行券,或者持有 8 588 000镑的金块作为储备,以抵付 13 615 000 镑的存款,很显然,这些存款是它唯一的债务。①

当前,英格兰银行的金库中有数量空前的金块可分配给这两个部门,因而此时采取分离措施绝不会产生什么影响;既然现在进行这种试验不会带来什么不便,所以它也就有很大的成功机会。我们得到的印象是,两个部门分离开来以后,纸币发行额将由汇兑来调节;但这是什么意思呢?根据前面第 7 页的阐释,这是否意味着纸币发行额将随着金块的输出和输入而变化?

纸币发行额,按照银行委员会的调查和通货理论拥护者的出版物中迄今所下的定义,指的显然是公众手中银行券的数量。

在这个意义上理解纸币发行额,如果突然需要输出黄金,则这种需求很可能落在营业部身上,我们假设这种需求达到5 000 000 镑的程度。营业部由于有巨额储备,可以用 5 000 000 镑银行券同

① 根据这种观点,说不说出营业部将持有的证券数量是无关紧要的。在 4 月 20 日的报告书中,营业部持有的证券为 22 150 000 镑,从中将扣除 3 000 000 镑分配给发行部的国库券。

发行部门交换黄金，以满足这种需求。在这种情况下，发行部将减少 5 000 000 的金块，营业部将减少 5 000 000 的钞票，可它们仍保有充足的储备。但公众手中银行券的数量仍然完全同过去一样多。可以说这种活动减少了纸币发行额，从而改善了国际汇兑状况吗？实际上，使国际汇兑状况得到改善的，是黄金的输出，而绝不是通货价值的提高（据认为，减少通货数量便可提高币值）。

通过这种双重过程来满足对 5 000 000 镑黄金的需求，其结果究竟在哪些方面不同于在现行制度下满足这种需求所产生的结果？应该认为，这种看法可以纠正通货理论对金块的输出和输入的作用所持的观点。而且应该指出，在最近输入 5 000 000 镑黄金期间，纸币发行数量未受到丝毫影响。

只要营业部拥有巨额黄金储备，新制度的运行就会同旧制度的运行完全一样。人们一直密切关注着英格兰银行的状况同金融市场和商业事务的关系，以致输出 5 000 000 镑黄金将会引起各种各样的看法，错误的看法会同正确的看法一样多。但我假定的是不受这些看法影响的活动。不过，导致这种活动的一种可能的过程可能会产生一些难以理解的结果。

假设英格兰银行不再像以前那样感到有必要考虑货币交易和商业界的状况，为了不再持有过多的储备，而要采取一项强制性的手段，把其定期信贷的利率降到 1％，贴现率降到 1.5％，那么，由于人们感到资本在国内根本找不到投资机会，这将不可避免地造成迫使巨额资本流往国外的后果。这些资本将用于购买支付股息的外国证券，如法国、荷兰、普鲁士和丹麦的股票，用于购买外国铁路股票，用于在国外进行其他投资。在现行制度下，这将被说成是英格兰银行强制发行纸币，虽然银行券只是从一个部门转移到另一个部门。但是，在完成这一活动后，在输出 5 000 000 镑的金块致使营业部的储备只剩下 3 500 000 镑后，对黄金的任何进一步需求，即使需求数额仅仅为 1 500 000 镑或 2 000 000 镑，也会对金融市场造成很大影响。于是英格兰银行必须采取紧急预防措施，收回或出售证券，结果，一向依赖于充足货币供应的货币兑换商和其他人，会遭受突如其来的打击，其储户会要求立即提款，这又迫使货币兑换商收回其垫款。

人们将要求英格兰银行贴现，但它可能完全拒绝贴现，或把贴现率提得很高。在这种情况下，金融市场会受到强大的压力，利率上升的幅度有可能远远超过 5%。

我们再来考虑另外一种情况：假设英格兰银行相对于其债务而言拥有数量充足的金块，即拥有 3 000 000 镑至 3 500 000 镑的金块，并且像以前一样，对黄金的需求达到 1 500 000 镑至 2 000 000镑。贸易额可能在增加，情况可能有利于投机和过度交易。那么，投机活动和过量交易活动在其开始阶段和此后相当长的一段时间内，如果情况有利，大都会完全依赖信用而进行。随后人们有时会接受票据，票据的偿还期会一再重订，一直等到市场情况发生变化为止。如果市场情况发生不利的变化，承兑人会被要求到期支付。他们会请求贴现，但这是很困难的；英格兰银行的大门紧闭，货币兑换商也帮不了忙。假如此时碰巧农作物严重歉收，需要大量进口国外谷物，市场利率和贴现率便很可能上升到 15% 或 20%。而发生所有这些事情的时候，发行部门却至少拥有 6 000 000或 8 000 000 镑的黄金储备。

我可以举出更多的例子来说明，在发行部门拥有充足黄金储备的情况下，两个部门严格分离开来，会使工商业阶级遭受多么大的利率波动。但这里所作的陈述，已完全可以证实我在第 119 页列出一系列结论后发表的那种看法是有道理的。

发行业务和银行业务的完全分离，很可能会使利率和信用状况发生比在这两个部门合并在一起的现行制度下更大和更加急剧的变动。

图书在版编目(CIP)数据

通货原理研究/(英)托马斯·图克著;张胜纪译.—北京:商务印书馆,2017
(汉译世界学术名著丛书:120年纪念版:珍藏本)
ISBN 978-7-100-14054-6

Ⅰ.①通…　Ⅱ.①托…②张…　Ⅲ.①银行学派—货币理论　Ⅳ.①F820-06

中国版本图书馆CIP数据核字(2017)第132363号

汉译世界学术名著丛书
(120年纪念版·珍藏本)
通货原理研究
〔英〕托马斯·图克 著
张胜纪 译
朱泱 校

商 务 印 书 馆 出 版
(北京王府井大街36号 邮政编码100710)
商 务 印 书 馆 发 行
南京爱德印刷有限公司印刷
ISBN 978-7-100-14054-6

2017年12月第1版　　开本710×1000 1/16
2017年12月第1次印刷　　印张10½
定价:65.00元